島人《しまんちゅ》もびっくり
オモシロ琉球・沖縄史

上里隆史

角川文庫
16902

はじめに

昨今、巷《ちまた》では「沖縄ブーム」「沖縄移住ブーム」が叫ばれ、沖縄への関心が高まっています。「癒《いや》しの島」だとか、本土とは異なった文化を持った島、また「基地の島」とか、いろいろなイメージでとらえられる沖縄ですが、沖縄の文化や歴史って、実は、あまりちゃんと知られていないのではないでしょうか。

この本は、琉球・沖縄の歴史、とくに琉球王国時代を中心に、今まで知られていなかった話やおもしろい話、歴史の専門家が分析した最新の研究成果を、歴史学を少々かじっている者として、僕なりに解釈してコラム形式でわかりやすく紹介したものです。「沖縄の歴史は知りたいけど、むずかしい論文は読みたくない」「研究者が議論している最先端の歴史像はどのようになっているのかカンタンに知りたい」という方にはオススメです。

例えば……

琉球の人はむかしターバンを巻いていた！
琉球の貿易船は中古の軍艦だった！
沖縄移住ブームは五百年前からあった！
働かないニート君は島流しにされた！
チンギス・カーンの子孫が沖縄にいた！

ページをめくっていくと、ひと味ちがう「琉球・沖縄史」に関するコラムがいっぱいで、教科書や観光ガイドブック、概説書ではわからない琉球・沖縄の歴史を知ることができます。読みきりのコラムですから、興味のありそうなところなら、どこから読み始めてもかまいません。

また「沖縄の歴史ってそもそもよく知らない」という方や、「コラムだけではもの足りない、もっとくわしく沖縄の歴史の全体像を知りたい」という方は、「最新版すぐわかる琉球の歴史」を先に読んでみてください。それぞれの歴史コラムの背景がわかって、よりおもしろさが増すはずです。

沖縄の歴史はこんなにも豊かで深いものだったのか。本書を読み終えた読者のみなさんはきっとそう思うはずです。目からウロコが落ちる琉球・沖縄の歴史、どうぞご堪能ください。

目次

首里城の時代

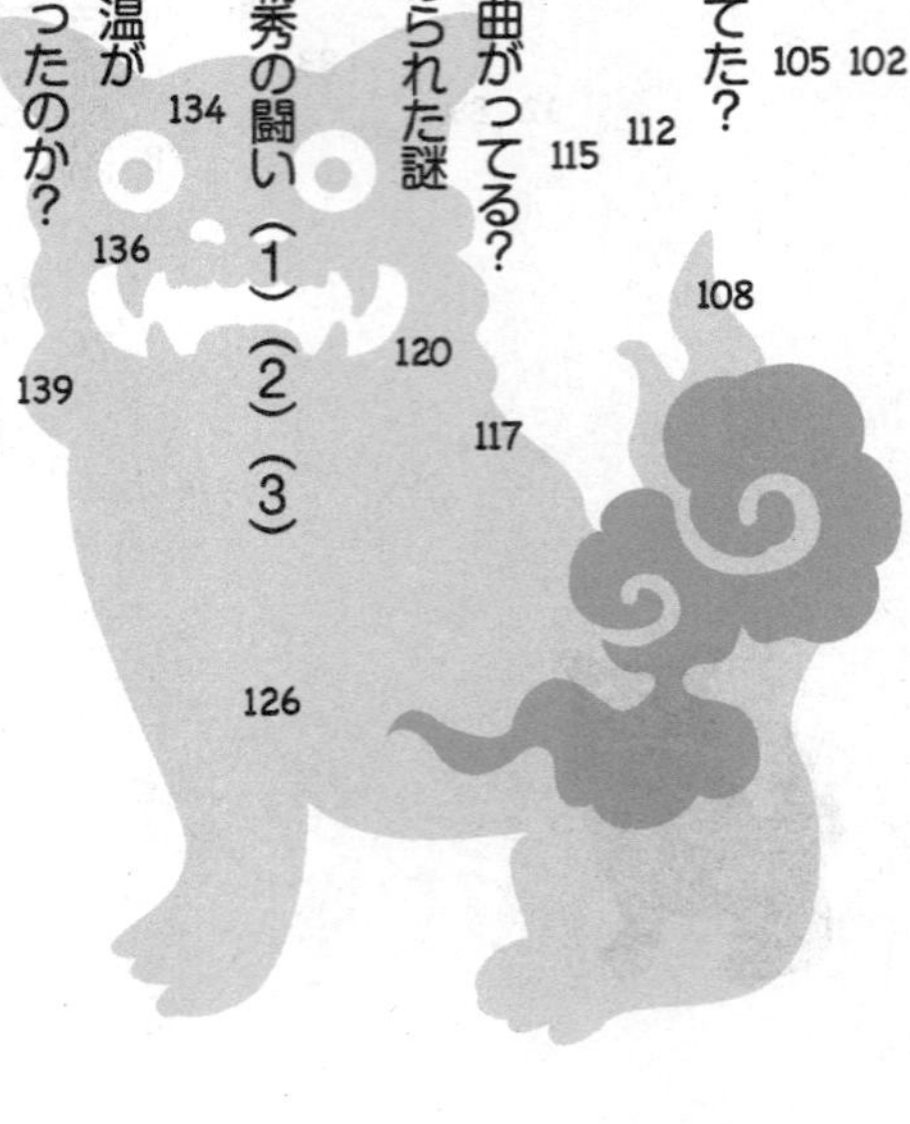

琉球・沖縄史トリビアの瑞泉

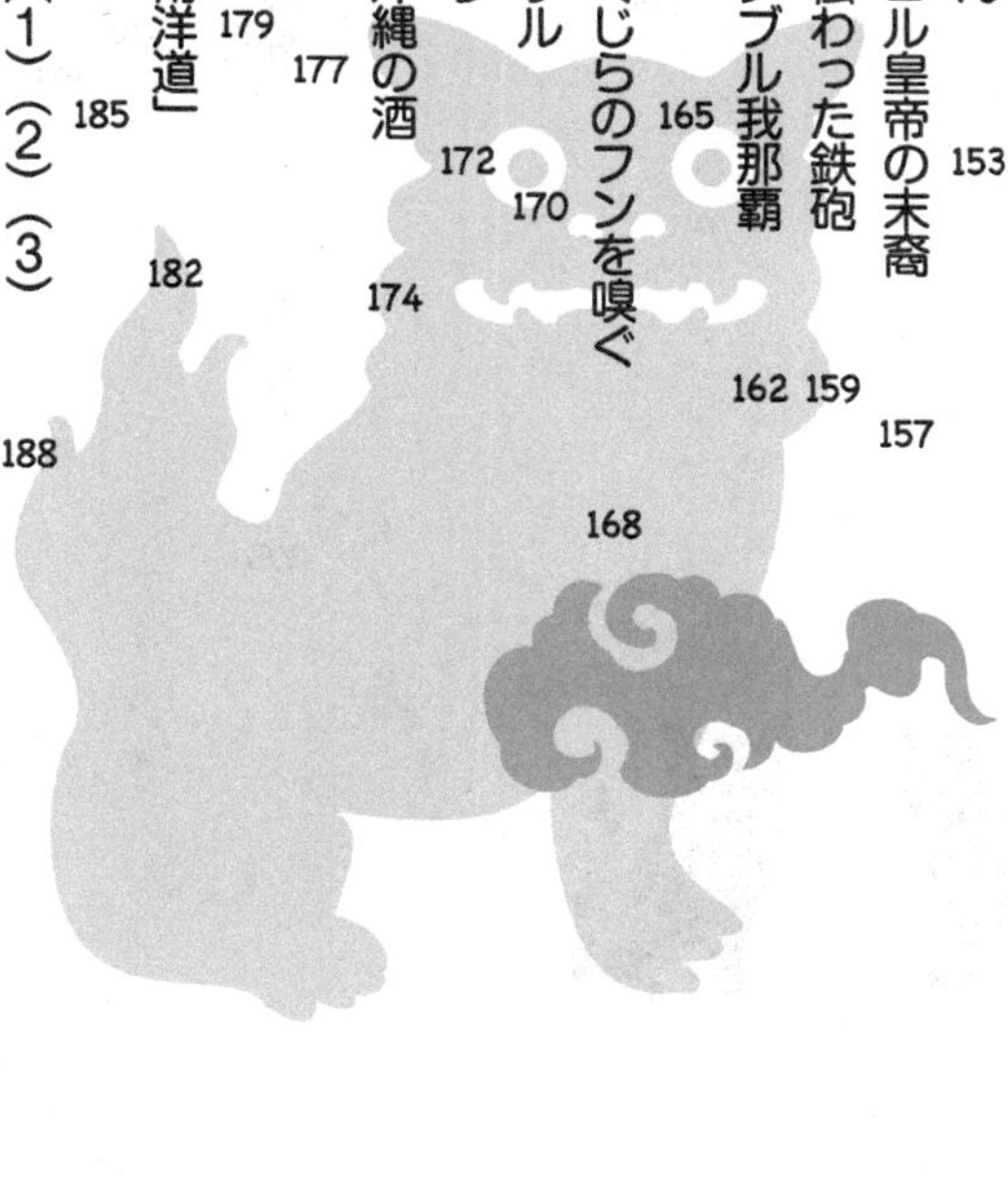

最新版すぐわかる琉球の歴史

〝目からウロコ〟な琉球の歴史とは⁉

かつて、南西諸島には「琉球《りゅうきゅう》王国」という独立国家が存在していました。沖縄が日本本土（ヤマト）とちがった文化や伝統を持ち、また自分たちを「ウチナーンチュ（沖縄人）」だと強く意識する背景には、歴史的に独自の道を歩んできたことがあります。日本とは別個の国家をつくりあげたことが「琉球・沖縄」のアイデンティティの形成に決定的な意味を持っているのです。言ってみれば近代以前の沖縄の歴史は「琉球王国」の歴史だったわけです。ここで、その歴史を見ていくために、いくつかのふまえてほしい〈前提〉があります。

まずは「琉球・沖縄」という地域が地理的に見てどのようなところか、ということです。沖縄県は大小160の島々からなりたっています。それぞれの島は海で隔てられていて、不便な「絶海の孤島」という印象を持つかもしれません。島の大きさも日本本土の島々と比べてとてもちっぽけな島しかないと思うでしょう。たしかに「陸」

日本・琉球比較図

だけの視点から見ればそうかもしれません。

しかし、沖縄という地域を見る際には、それは適切な見方ではないと思います。「海」は生活のできない死の世界で、島に生きる人々にとって外との世界を隔てる〝壁〟のような存在だったのではありません。近代以前においても島の人々、あるいは外から来た人々は船を自在にあやつり、活発に島々の間を移動していました。もちろん現代より移動が便利だったわけではありませんが、「海」は〝壁〟ではなく、外の世界へとつながる〝道〟そして〝生活圏〟だったのです。

陸だけの面積で見れば沖縄県は大阪府より若干大きいぐらいです。しかし島とその周りの海をひとつの世界としてとらえる「海域世界《かいいきせかい》」という考えでとらえれば、南西諸島の範囲は実に東京から福岡あたりまでの広さに匹敵します。琉球王国はこの海域を統治した巨大な海洋国家だったのです。

そしてもうひとつ。意外に思うかもしれませんが、近代以前、人々は活発に地域間を往来するなかで、「民族」や「国境」という観念をあまり意識していませんでした。この傾向はとくに近世（江戸時代）以前に顕著です。グローバル化が進む現代の状況は、かつて「中世（古琉球）」という時代、すでに出現していた状況なのです（現代社会を「新しい中世」と呼ぶ学者もいます）。

つまり沖縄でも太古から「ウチナーンチュ」あるいは「琉球民族」という枠があらかじめ決まっていて、琉球の歴史が展開したのではないということです。それは沖縄や北海道をふくめた現代の「日本国」「日本人」の枠組みが、神話の時代からあらかじめ決まっていたわけではないのと同じことです。琉球王国は、南西諸島に昔から住む人だけでなく、外の世界から来た様々な人も参加して、歴史を重ねていくなかで

「琉球」という主体を自らつくりあげていったのです。

以上をふまえてこれから紹介する沖縄の歴史を読んでいただけると、これまでの教科書や入門書で紹介されている沖縄の歴史とは全く違った面が見えてくると思います。

ここでの解説は、王様の順番をもとに歴史を説明する「王統史観」は採用しません。「琉球・沖縄」という地域が、外の世界とどのように関わりながら自らを形成していったかを、最新の研究成果をもとに述べていこうと思います。

〝琉球文化圏〟の成立

南西諸島がひとつの「琉球文化圏」として形作られはじめるのは10〜12世紀頃から。日本でいえば平安時代に当たります。それまでの南西諸島は「奄美《あまみ》・沖縄文化圏」と「先島文化圏」に分かれて両者の交流は全くなく、長く漁労採集の時代が続いていました（貝塚時代）。

ところが12世紀前後にはいると劇的な社会の変化が訪れます。北のヤマトからのヒト・モノの流れが活発となり、ふたつの文化圏にも交流が生まれます。

この時期には奄美地域、とくに奄美大島北部・喜界島《きかいじま》が日本の国家と関係しながら

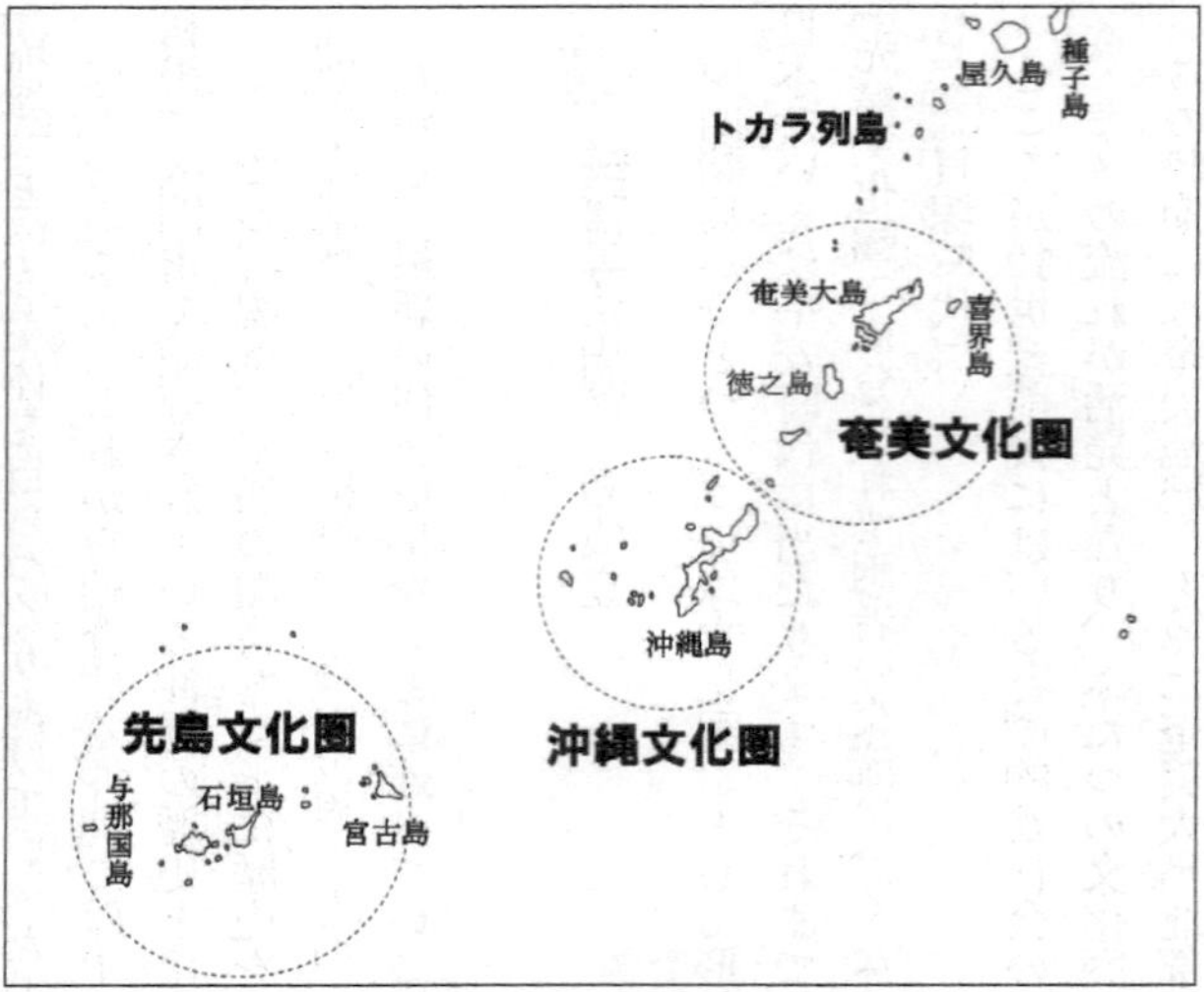

南西諸島図

独自の政治勢力をつくり、文化の発信地になっていたようです。さらに最近発見された喜界島の城久《ぐすく》遺跡群は、九州大宰府《だざいふ》の出先機関の跡ではないかと指摘されています。ゆるやかなカタチで形成された「琉球文化圏」には、徳之島《とくのしま》で生産された朝鮮半島系の硬質土器「カムィヤキ」や長崎産の高級な石製ナベが流通するようになり、この頃から各地で農耕も開始されます。これらの外来物は、当時の国際貿易港だった博多を基点とした流通のなかで出回ったものでした。また南西諸島に住む人々の骨の形質も本土日本人のものとほぼ同じになっていきます。

このヤマトからのヒトの流入の背景には、日本と中国（宋）との貿易がさかんになり、ヤコウガイや硫黄《いおう》などの南島産物を求めて商人たちが活動したことがあるといわれます。しかし、ヒトの流入は南西諸島に渡来人が一気におしよせて地元民を征服したのではなく、長い時間をかけて現地の人々と同化しつつ、少しずつ変化していったようです。

言いかえれば、ヤマトの渡来者はウチナー（沖縄）社会に同化しながら、南西諸島に新しい社会・文化を生み出していったということでしょうか。

農耕社会の発達にともない、南西諸島の各地では政治的なリーダーが成長していきます。「按司《あじ》」や「世《よ》の主《ぬし》」と呼ばれる首長です。按司たちは「グスク」と呼ばれる城塞《じょうさい》をかまえ、自らの権力を拡大すべく抗争をくり返します。琉球は戦国乱世に突入するのです。この時代は「グスク時代」と呼ばれています。

三山の時代と国際社会へのデビュー

戦乱の激化する沖縄島では、やがて3つの大勢力（山北《さんほく》・中山《ちゅうざん》・山南《さんなん》）が形成され

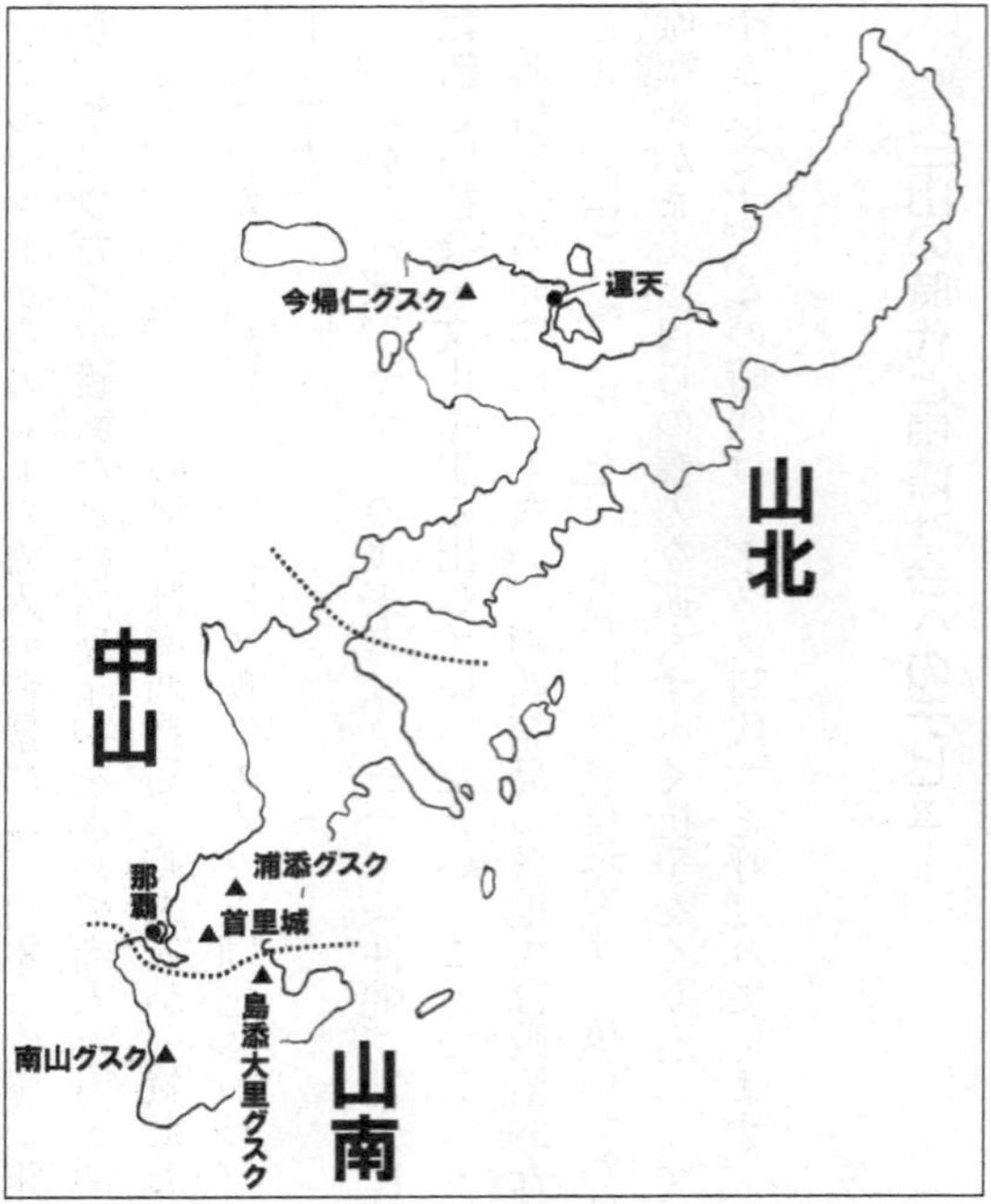

三山勢力図

ていきます。のちに「三山《さんざん》」と総称される政治勢力です。3勢力のリーダーは各按司をたばねる「世の主」として君臨しましたが、その権力は按司の連合政権というかたちで成り立っていました。「世の主」は必ずしも血筋で継がれず、按司たちの合意のもと、その時々の有力者によって担われていたようです。三山のなかでも「中山」は突出した勢力で、その拠点である浦添《うらそえ》グスクは琉球最大の規模を誇っていました。浦添の「世の主」には、舜天《しゅんてん》・英祖《えいそ》・察度《さつと》などがいました。

一方、外の世界ではまたもや大きな変化が起こります。中国の元朝が衰退して内乱が起こり、それまで日本と中国とのメインルートであった博多—慶元（いまの寧波）ルートが断絶したのです。

その結果、サブルートにすぎなかった南九州から南西諸島を経由して中国福建《ふっけん》へ向かうルート（南島路）が一時的に日中間航路のメインとして利用され、琉球が注目されはじめます。日中間を往来する海商たちは天然の良港で島状になっていた那覇に居留地をつくり、那覇は「国際貿易特区」ともいうべき姿に変貌《へんぼう》していきます。

1368年に元朝を倒した明朝は、超大国の「中華」として周辺諸国に臣下の礼をとらせて公的貿易を許し（冊封《さくほう》・朝貢《ちょうこう》関係）、それ以外の私的な貿易活動・海外渡航は一切禁止します（海禁《かいきん》政策）。

大洋・南島路線図

琉球は1372年に中山の察度が明朝の求めに応じ、以後500年にわたって続く中国との公的な通交関係が開始されます。明朝はそれまで私的に貿易を行っていた海商たちが密貿易をして海賊化することを恐れていました。そこで琉球を有力な交易国家に育て、彼ら民間海商を琉球の公的貿易に参加させることで合法的に活動する機会を与えようとしたのです（対モンゴルの軍需物資としての琉球産の馬や硫黄は、優遇策の直接的な要因ではなかったようです）。明朝は琉球を優遇して貿易の機会を増やし、朝貢に必要な大型海船や航海スタッフも惜しみなく与えます。派遣されたスタッフは那覇にあった中国系移民（華人《かじん》）たちの居留地（久米村《くめむら》）に合流し、後に「閩人《びんじん》三十六姓」と呼ばれます。

琉球はこの優遇された条件のもと、大型海船と久米村の優秀なスタッフを活用することで、やがて海域アジア世界の中継貿易を行い「万国の架け橋」となるのです。その活動の範囲は日本や朝鮮、中国、東南アジアまで及びます。

おきなわの「琉球化」

明朝との関係成立は、沖縄島の社会に決定的なインパクトを与えることになりました。それまで中国側では南西諸島と台湾あたりをぼんやりと「流求《りゅうきゅう》」「瑠求」などと呼んでいたのですが、この時期から「琉球国」が明確に沖縄を指す名称になっていきます（台湾は小琉球と呼ばれます）。沖縄島の3大勢力の「世の主」たちは明朝から「王」として把握され、やがて自らも「王」を名乗るようになります。外から与えられた名称を自分のものにしていくのです。

また中国の先進文化が一気に琉球に流れこみ、陶磁器や絹織物など高価な中国製品がもたらされます。三山の王たちは貿易活動で利益を得て権力を強化し、さらに明朝皇帝から「王」として認められることで、その権威を利用して国内の求心力も得ようとします。やがて琉球では王権に中国皇帝の権威が不可欠なものになっていきます。

このように、外から沖縄を「琉球化」していく動きに対して、沖縄側はそれを受け入れて自らもすすんで内部から「琉球化」していくのです。

この頃の琉球社会は、突出した都市である浦添（のちに首里《しゅり》）・那覇と、その他の草深い村落社会という、二重の社会構造になっていました。つまりそれまでの「ウチナー」的村落社会のなかに、那覇（とそれに付属する首里）という「国際貿易特区」が新たに形成されたのです。

那覇は華人や日本人が居留地をつくり、他の地域とは全く異質な社会をつくりあげていました。「ウチナー」的社会からおこった三山の現地権力は、那覇の独立した外来勢力を活用することが琉球での覇権をにぎるカギでした。

この試みに成功して沖縄島を統一したのが佐敷《さしき》按司の尚巴志《しょうはし》です。彼は軍事的な才能があり、有力な按司を次々に倒して台頭するのですが、やがて那覇の華人たちと協力関係を結んで中山王となり、１４２９年には三山を統一して琉球王国を樹立します

【古琉球社会（貿易全盛期）のしくみ】

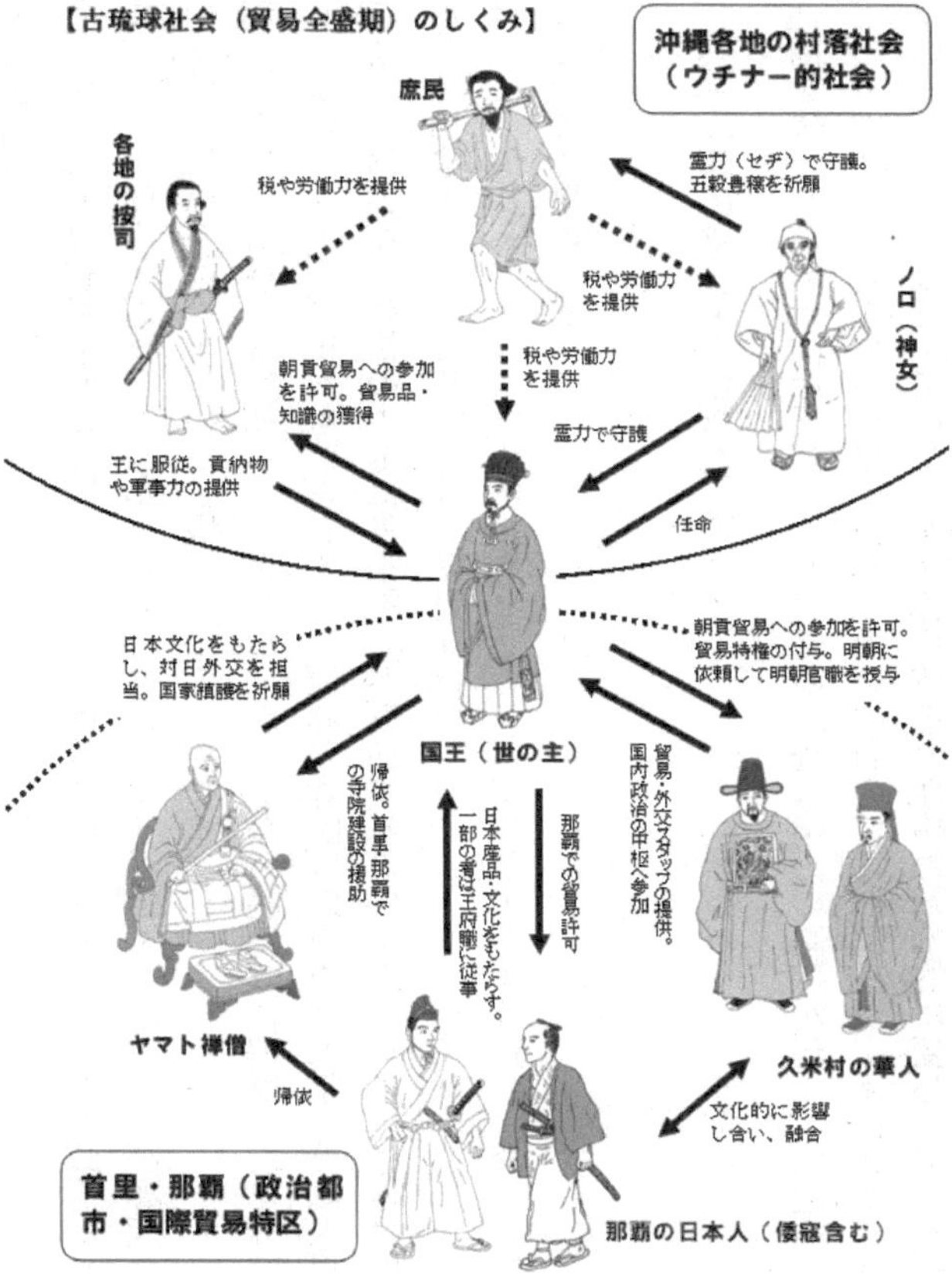

（第一尚氏王朝）。

那覇の華人たちは貿易活動だけではなく、現地政権の内部にも入りこみ政治にも参加します。第一尚氏王朝はとくに華人たちとの結びつきが強く、国政の最高顧問には華人の懐機《かいき》が就いて琉球王国のかじ取りをしていきます。

琉球の国政には日本人も参加していました。ヤマトから渡来した禅僧は対日外交を担当し、またヤマトの文化ももたらします。琉球の寺院は外務省と大学の役割も果たすのです。交易国家の政権の中枢に外来勢力が参加するのは東南アジア（さらに世界史一般）でもよく見られる現象です。琉球王国は「ウチナー」だけで成り立っていたのではなく、外からの人々を積極的に取り込むことではじめて国際社会のなかで繁栄することができたのです。

琉球王国の拡大と貿易の衰退

沖縄島を統一した第一尚氏王朝ですが、この政権は権力の基盤が弱く、尚巴志や懐機などのカリスマが死んだ後には王位継承争いや有力按司《あじ》の反乱が次々に起こります。按司はいまだ各地に割拠していて、按司連合政権の性格は基本的に変わっていなかっ

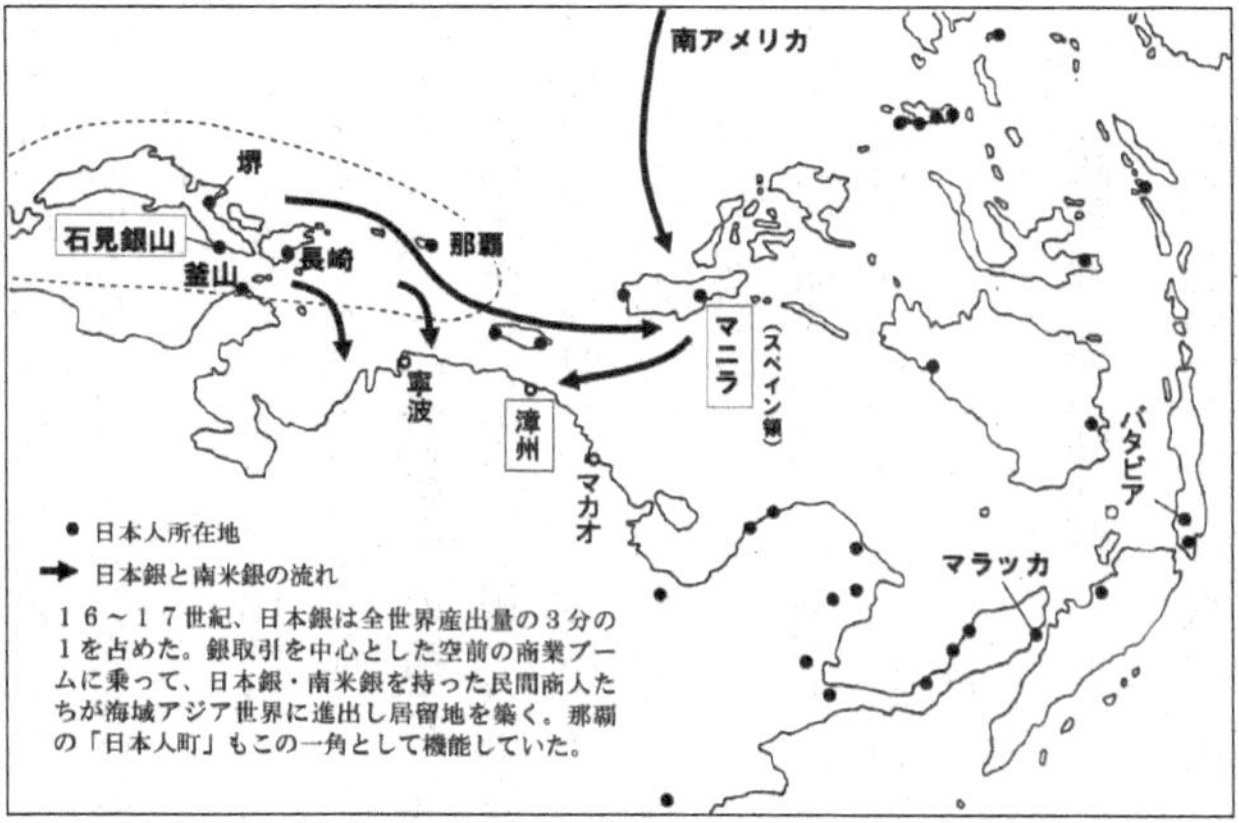

16〜17世紀頃の日本人居住圏

たのです。さらに明朝はそれまでの琉球の優遇策をやめ、貿易を縮小させようとします。実は琉球の対外貿易の全盛期は三山時代で、この頃から次第に衰退していきます。

１４７０年、第一尚氏王朝は金丸《かねまる》（のちの尚円《しょうえん》）のクーデターによって滅び、新政権が誕生します（第二尚氏王朝）。新政権は国内の権力強化と版図拡大をはかりますが、この動きの背景には、貿易活動の衰退をカバーするため、国内の体制を強化して乗り切ろうとしたことがあったと言われています。

尚真《しょうしん》の時代には王府が各地の按司の権力を奪って中央集権化を達成し、国王が絶対的な権力を手にします。また沖縄島の琉球王国は奄美と先島（宮古《みやこ》・八重山《やえやま》）地域へ軍事侵攻し、この頃までに北は奄美大島、南は与那国《よなぐに》島までの広大な海域にまたがる島々を支配下におく国家を築きあげるのです。

しかしそれもつかの間、16世紀に入ると琉球をとりまく国際情勢は大きな転換期を迎えます。それは全世界をつないだグローバル経済の成立です。ヨーロッパ勢力のアジア進出と、中国の銀需要の増大で海域アジア世界は空前の「商業ブーム」が生まれます。南米産と日本産の「銀」が世界経済を動かす血液となり、民間の交易商人たちが世界規模で活動しはじめるのです。

それまで明朝のもとで国営中継貿易を行っていた琉球王府は、この「民営化」の動きにほとんど対応できませんでした。しかし国際貿易港であった那覇は日本から東南アジアへ渡航する民間の交易商人たちの中継地として利用されていきます。東南アジア各地のように「日本人町」が那覇にもつくられます。

薩摩藩の琉球征服

その頃、北のヤマトでは戦国時代。豊臣秀吉が天下を統一して、さらにアジア世界の征服をもくろみます。秀吉は明を征服するためまず朝鮮に出兵し、琉球にも薩摩《さつま》の島津《しまづ》氏を通じて服従をせまってきます。秀吉の企ては結局失敗に終わりますが、次は徳川家康が、秀吉の出兵で断絶した明朝との関係修復を琉球に仲介させようとし、島津氏がこれに乗じて琉球の支配を狙います。

この頃の薩摩内部は3つの派閥（義久・義弘・家久）に分かれ反目しあっていました。当主の家久は琉球領だった奄美を攻め取って家臣に与え、これをきっかけに藩内をひとつにまとめようとしたのです。

幕府は東北への琉球船漂着事件をきっかけに琉球へ使者を派遣するよう求めましたが、使者を派遣することは従属を意味していたため琉球は拒否します。そこで幕府は島津氏に琉球侵攻を許可し、１６０９年、薩摩軍が琉球に侵攻します。琉球は軍隊を動員して迎え撃ちますが、戦国乱世をくぐり抜けてきた精強な薩摩軍の前にはひとたまりもなく、敗れて薩摩藩に従属する存在となるのです。

グスク時代から王国の成立を経て、薩摩に征服されるまでの完全な独立国だった時代は「古琉球《こりゅうきゅう》」と呼ばれています。

日本版「小中華」に組み込まれた琉球

薩摩軍に征服された琉球は王国体制の維持が許されたものの、徳川幕府の体制下に組み込まれてしまいました。薩摩藩は絶対的な権力をもって琉球の上に君臨したのではなく、あくまでも日本の幕藩制国家のなかで琉球支配を担当する存在でした。薩摩は琉球から奄美地域を割譲させ、また年貢の納入を義務付けます。さらに琉球の朝貢貿易にも介入していきます。琉球は様々な政治的規制をうけましたが、基本的な自治権は確保され、最終的な政策の実行は王府にゆだねられていました。

江戸時代の日本は天皇・将軍を頂点に、朝鮮・琉球・アイヌ・オランダを従属した存在とみなして、中国とは別個の日本版「小中華」の国際秩序を（なかば観念的に）つくりあげていました。

幕府は日本の対外窓口を４つ（対馬《つしま》・薩摩・松前・長崎）に限定して海外渡航を制限します（この政策はのちに「鎖国」と呼ばれます）。琉球は薩摩藩を通じて、日本の対外窓口の中心であった長崎のサブルートとしての役割も果たすのです。また「鎖国」政策は琉球にも適用され、自由な海外渡航ができなくなった外来の人々は、固定化された近世の琉球社会に同化していきます。

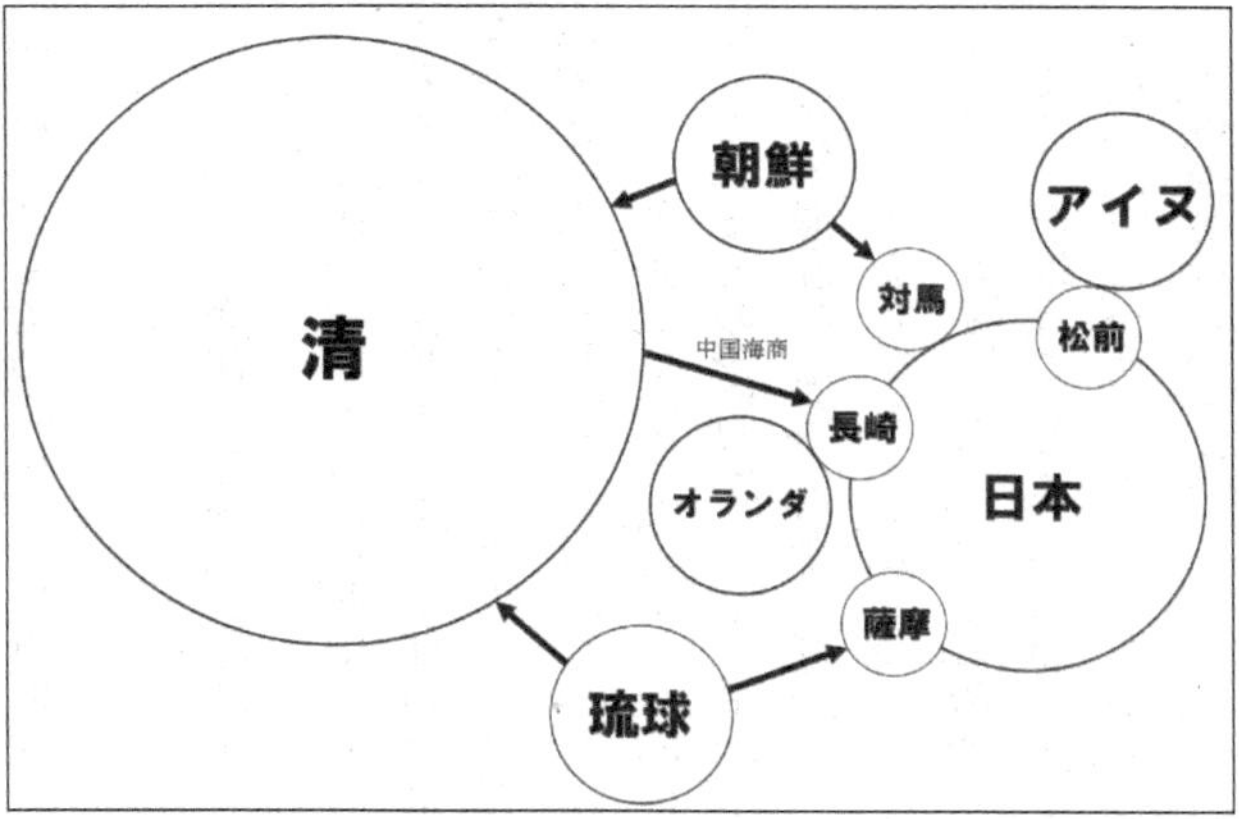

近世東アジアの国際秩序

琉球は日本版「小中華」秩序（日本型華《か》夷《い》秩序ともいいます）のなかで実際に従う国として、幕府の権威を高めるための重要な存在となります（朝鮮やオランダは日本側から勝手に従属国とみなされていましたが、実際にはちがいました）。琉球は国王や将軍の代替わりの際に徳川幕府へ使節団を派遣し（江戸《えど》上《のぼ》り、江戸立《だち》）、また薩摩藩にも次期国王の王子が派遣されて薩摩との従属関係を確認します（中城《なかぐすく》王子上国《じょうこく》）。

近世の琉球王国を薩摩藩の「奴隷」状態であったとする説は近年では否定され、実際には中国と日本に二重に〝朝貢〟する国家だったとする見方が有力になっています。薩摩に征服されてから明治に王国が滅びるまでの時代を「近世琉球」といいます。

明朝の崩壊と琉球の大改革

琉球王国が日本の幕藩体制に組みこまれた頃、中国の明朝は弱体化していました。1644年、反乱軍によって都の北京が陥落して明朝は滅びます。代わって政権をにぎったのは満州族の清朝です。超大国の「中華」明朝が倒れたことでアジア周辺諸国は大きな衝撃を受け、朝貢国だった琉球でも大騒動になりますが、結局は清朝に従います。この動乱で中国貿易も一時的に断絶してしまい、また琉球国内では薩摩の征服後にこれまでの矛盾が噴出し、王国の社会システムが機能不全を起こしていました。

内外の混乱のなか、事態を打開すべく登場したのが羽地朝秀《はねじちょうしゅう》です。彼は強力なリーダーシップを発揮し、それまでの古琉球の政治・経済・社会を大転換する改革を実行します。現在私たちが認識する琉球の「伝統」は、ほとんどこの時期から生まれたものです。羽地はこれまでの「海」を中心とした交易国家の社会システムから、日本の幕藩制国家に整合させるようなかたちで「陸」を中心とした農業国家の社会システムへと転換させるのです。

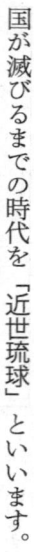

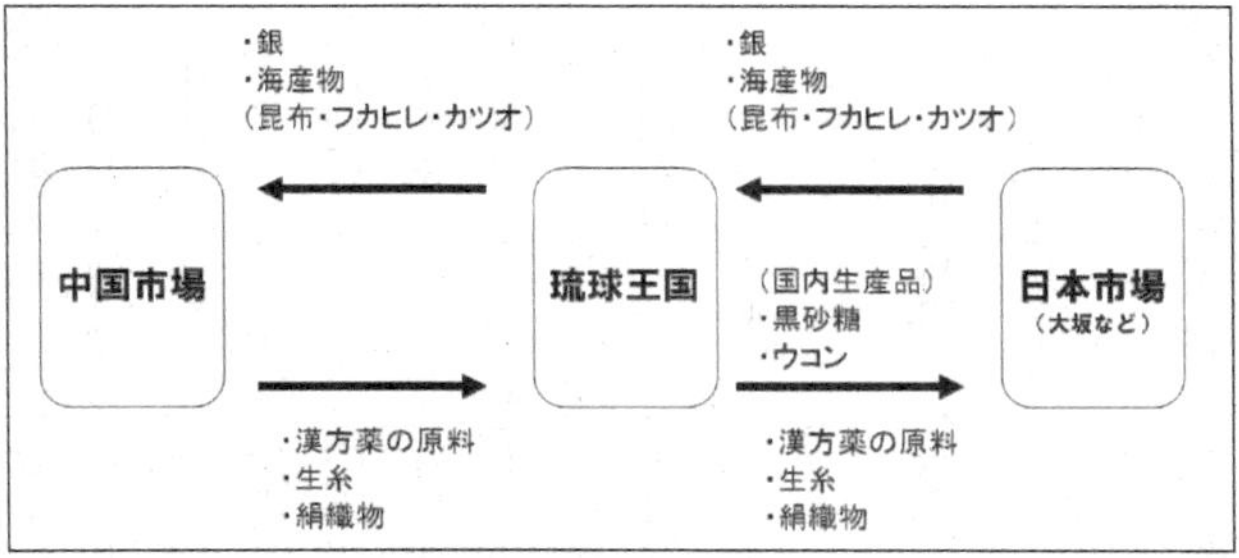

近世琉球の貿易図

近世の琉球王国は国内で生産した砂糖やウコンなどの高付加価値の商品をヤマト市場へ売却してばく大な利益を得、その資金をもとに中国との貿易を行うというサイクルをつくりあげます。その結果、琉球はヤマト経済への依存・一体化が進行しましたが、それまで衰退・地盤沈下しつつあった琉球は、近世の国際秩序に対応しながら新しい体制を築いて再びよみがえったのです。

羽地の改革路線を継ぎ、琉球王国の近世体制を完成させたのが蔡温《さいおん》です。この頃に進められた重要な動きは琉球の「中国化」です。新たな価値観として儒教イデオロギーが導入され、風水思想をはじめとした中国文化を以前にも増して積極的に取り入れていきます。琉球の「伝統」文化がどことなく中国に近い印象があるのは、この時期の「中国化」政策によるところが大きいといえるでしょう。また中国式の船「マーラン船」の導入と、あわせて行われた商品流通政策の結果、王国の海域内には網の目のような海上の物流ネットワークがはりめぐらされました。

「中国化」政策の背景には、清朝が朝貢貿易を縮小させようとする動きに対して、「中華」に従う忠実な優等生を演じてその回避をはかったことと、ヤマトに呑《の》み込まれないよう自らを「中国化」して新たな「琉球」のアイデンティティを創ろうとしたことがあったのではないかといわれています。意外なことに、完全な独立国家であった古琉球よりも、むしろ近世になって「琉球人」意識は増幅・強化されていきます。

このように、日本と中国へ〝二重朝貢〟する近世の琉球は、両大国のはざ間で決して自己を見失わず、絶妙なバランスをとりながら限られたなかでの主体性を保持しようとつとめていたことがわかります。

近世体制の行き詰まり

蔡温は近世琉球の体制について、「日本と中国との関係を維持するために、実際の国力以上のことが求められている」と述べています。日本と中国との外交には多額の経費が必要であり、また農耕に適さない島国の琉球では、日本と同水準の農業社会にするにはもともと無理がありました。近世琉球の体制は自転車操業的な面が少なからずあったのですが、ひとたびボタンを掛けちがえると、とたんに成り立たなくなってしまう構造を持っていたのです。

19世紀に入ると国王や将軍が短命で次々と交代したため、短い周期で幕府への使節派遣や国王任命の式典を行わなくてはならなくなって財政は極度に圧迫され、さらにたび重なる自然災害（たとえば先島地域を襲った大津波）が発生して農村地域が破綻状態となり、年貢をほとんど徴収できなくなる事態となります。王府は各農村に特使を派遣して財政再建に乗り出しますが、ほとんど効果はありませんでした。

王府の財源である農村が破綻《はたん》すると、国家存立に必要な外交の経費をまかなうためヤマトからの借金を重ねなければならず、財政は慢性的に悪化し、その返済のために農村への負担がさらに増していくという、負のスパイラルにおちいっていきます。

一方、ヤマトの幕藩制国家のシステムも次第に行き詰まっていきます。薩摩藩も天文学的な負債を抱えていて（このため、明治維新へとつながる幕末の藩政改革が実行されるのですが）、その負担が転嫁され琉球経済を大混乱に陥れます。このようにヤマト経済とリンクしていた琉球にもシワ寄せが来て、国家経営は一層厳しいものとなっていったのです。

対外情勢も追い打ちをかけます。産業革命以降の欧米列強のアジア進出は琉球にも押し寄せ、欧米艦隊が次々に琉球へ来航し、アメリカのペリー艦隊も琉球を訪れます。ペリーは琉球を拠点に幕府との開国交渉を行います。王府はしたたかな外交戦術でペリーを翻弄《ほんろう》しますが、その圧力に抗しきれずに修好条約を結びます。また中国清朝は太平天国の乱やアヘン戦争などで衰退し、中国を中心とした東アジアの国際秩序（冊封・朝貢体制）は揺らぎはじめます。

琉球王国の終焉《しゅうえん》、「日本」のなかへ

幕末の混乱を収束させ、明治維新を達成した日本の新政府は近代国家の領土を画定させることを急ぎ、琉球併合に向け着々と準備を進めます。

1872年（明治5年）、琉球王国は「琉球藩」として明治天皇から〝冊封〟されます。さらに琉球人が台湾に漂着して現地民に殺害された事件をきっかけに日本は台湾へ出兵、琉球漂着民を日本国の属民であることを清朝側に認めさせてしまうのです。

次いで明治政府は琉球に対して清朝との外交関係（朝貢関係）を停止することを強要します。琉球側はこの撤回をはかるべく請願をくり返しますが、小手先の外交戦術で事態を打開できるほど状況は甘くなく、琉球は「近代」という時代の激流に呑み込まれていきます。

1879年（明治12年）、明治政府から派遣された松田道之《まつだみちゆき》は軍隊と警察をともなって首里城に乗り込み、琉球藩の廃止と沖縄県の設置を通告します（琉球処分。廃琉置県《はいりゅうちけん》ともいう）。国王尚泰《しょうたい》は東京へ連行され、ここに500年あまり続いた琉球王国は滅亡します。

中国福建省に残る琉球人の墓

沖縄県設置に反対する琉球の士族たちはひそかに中国に渡り、王国復活をめざして清朝に救援を求めます（脱清人《だっしんにん》）。宗主国だった清朝は日本の琉球併合に抗議し、アメリカが調停するかたちで日本と清朝で琉球王国を分割する案が出されますが、琉球側の意向を無視した分割案に対して中国内で活動する琉球人らは猛反発し、結局、交渉は先送りされます。王国復活の動きも、日清戦争で清朝が敗れると沈静化し、琉球は以後「日本のなかの沖縄」として歩みはじめるのです。

琉球の知られざる肖像

古琉球の名もなき人々

沖縄が薩摩の島津氏に征服される以前の時代は「古琉球《こりゅうきゅう》」と呼ばれています。この時代はとくに海外との貿易を活発に行った「大交易時代」として注目されていますが、沖縄に住む庶民たちはどのような暮らしをしていたのでしょうか。

その実態をうかがうことのできる史料は沖縄にはほとんど存在しません。石碑のなかにわずかに庶民を「おひ人・わか人・めども・わらべ（老人・若人・女ども・童）」、また「たミ・ひやくしやう（民・百姓）」、「大小のゑくが・おなごども（老若の男・女ども）」などと記しています。当然ながら、庶民たちは王府より年貢や労働力を提供する存在として位置づけられています。

外国の琉球見聞録には少しばかり庶民たちの生活を知る手がかりが残されています。その一端を紹介しましょう。1477年（日本では室町時代・第二尚氏のはじめ）、朝鮮・済州島《チェジュド》の人が航海の途中、嵐に遭って琉球の与那国島《よなぐに》に漂着します。彼らは滞在中に現地の人々やその生活を観察しています。

まず人々の容貌《ようぼう》。島の人は青い珠《たま》のイヤリング・ネックレスをしていて、みな裸足《はだし》。男の髪はたばねられ、うなじのあたりで結っていたといいます。男のヒゲは長く、へそに届くほどの長さ。女の髪も足に届くほど長く、頭の上でまとめていました。服は苧《からむし》で作られた簡素なもので、藍《あい》で青く染められ、麻や木綿製のものはありませんでした。

人々の暮らし。住居はカヤ葺《ぶ》きで戸や窓、トイレは無し。寝床は木製。木の葉で作られた敷き物があったといいます。主食は米で、おにぎりを蓮《はす》の葉のような大きな葉に盛って食べていました。調味料はなく、海水で味付けしたスープがありました。牛・ニワトリも飼われていましたが、食べなかったようです。家畜が死ぬと埋めていたので、漂着民が「牛やニワトリは食べるものだ。埋めてはいけないよ」と伝えると、島の人に笑われてしまったそうです。

与那国島には、現在の西表《いりおもて》に伝えられている粗末な土器の「パナリ焼」らしきものや風葬もあったようで、現在知

られている琉球諸島の文化に通じるものが存在していました。さらに興味深い風習もあります。それは口噛《か》み酒。米を噛んで吐き出し発酵させたものを酒として飲んでいました。唾液《だえき》のデンプン分解作用を利用したものです（「泡盛だけじゃない！　沖縄の酒」174頁を参照）。

また子供を可愛がっていたとありますが、どんなに泣いてもあやすことなく、そのまま放置していたとのこと。可愛がっているのかいないのか、どっちなんでしょう。これも一つの風習でしょうか。

島の雰囲気は盗難や争いのない穏やかなものでした。朝鮮の漂着民は島の人々と言葉は通じませんでしたが、長い滞在である程度のコミュニケーションはとれたようです。

ある日、漂着民が故郷の朝鮮を思って涙を流していた時、島の人は彼の前に今年の稲と去年の稲を並べ、東を向いてこれを吹いたそうです。漂着民はこの様子を見て、「新しい稲は古い稲のように熟せば実をつける。あなたも時が熟せば帰ることができるよ」という意味であることを悟ったのです。

500年前の心あたたまる交流は、漂着民の故郷への帰還によって朝鮮王朝の歴史書に記されることとなりました。

琉球人の名前のつけ方

沖縄の歴史に登場する人物の名前は珍しい名前がたくさん出てきます。日本本土では見なれない名字や中国風の名前など、疑問に思っている方もいるでしょう。琉球人の名前のつけ方について紹介します。

一般的に王国時代の琉球人は、日本風の名前と中国風の名前の二つを持っていたと言われています。例えば蔡温《さいおん》は中国風の名前で、もう一つの日本風の名前は具志頭《ぐしちゃん》親方文若《うぇーかたぶんじゃく》と言います。「親方」は身分を表わす位階名です。しかし、このような名乗り方が成立したのは、近世の琉球（江戸時代）に入ってからなのです。それでは、それ以前の名前は？……実は名字も中国名もありませんでした。あるのはその人個人の名前だけです。例をあげて説明しましょう。

例えば儀間真常《ぎましんじょう》は、中国からもたらされたサツマイモを琉球に普及させた琉球史上の有名人です。サツマイモが日本全国へ広まるきっかけを作った農業界の大恩人なのですが、彼が生きていた当時（16～17世紀）は「儀間真常」と呼ばれず、「儀間の大やくもい・まいち（真市）」と呼ばれていたようです。「儀間」は代々継がれる姓ではなく、彼が持っていた領地名です（つまり儀間村を領有。領地が変わればこの名前も変わります）。「大やくもい（大屋《おおや》子《こ》もい）」は位階名で、最後の「まいち」が名前なのです。「真常」は子孫が彼の死後に付けた名です。また彼の家系はのちに「麻」姓を名乗りますが、真常には「麻《ま》平衡《へいこう》」の中国名が付けられました。ちなみに古琉球の王様は3つの名前を持っていました。例えば尚真《しょうしん》王は、中国向けの名前が「尚真」で、本来の名前である「まかとたるがね」と、琉球向けの名前である神号「おぎやかもい」があります。

これらの名前は近世になって中国風の名前が加わり、本来の琉球風の名前は公式に名乗られなくなり、「真常」とか「朝秀」などの漢字の名乗りに変わっていきます。それまでの名前だったものは童名《わらびなー》（幼名）として残っていくのです。

何だかややこしい説明になってしまいましたが、つまりは江戸時代になるまで琉球人の名前は、童名に当たる琉球風の名前しか無かったということですね。この童名ですが、戦前生まれだと自分の戸籍上の名前以外に童名を持っている方もいるそうです。今度、沖縄のオジイ・オバアに会う機会があったら聞いてみてください。

ちなみに庶民の名前は、近世に入ってもその人個人の名前（今でいう童名）しかありませんでした。名乗り方は、「所属村＋屋号＋童名＋姓に相当する名称」となるようです。例えば、「城間《ぐすくま》村の鍛冶《カジ》屋小《ヤーグワー》、ムタ・宮城《みやぐすく》」とか。欧米風に最初に名前があって後に姓相当の名称が続きます。

琉球人のマゲとターバンの話

昔の琉球人男性の髪型は日本のチョンマゲとはちがう、総髪（といっても実際は頭頂部を少し剃っていましたが）で、頭のてっぺんに髪を結う「カタカシラ」という独特の髪型をしていました。この髪型の由来は、琉球最初の王といわれる舜天《しゅんてん》の頭の右部分にコブができていて、それを隠すためにコブ部分に髪を結い、のちに皆がマネしたものと言われています。

しかし最初に説明した「カタカシラ」は髪を結ってあるのが頭のてっぺんで、全然右側に結ってないじゃないか、と疑問に思われる方もいるかもしれません。あまり知られていませんが、実は琉球人の髪型は一回、大きなモデルチェンジをしているのです。

もともとは舜天の故事にあるように、琉球人は右のモミアゲあたりに髪を結っていました。５００～６００年前（日本では室町時代）の日本や中国の記録には、はっきり琉球人は髪を右側（左とも）に結っていたとあります。

モデルチェンジをしたのは17世紀の中頃（日本では江戸時代）です。その頃、中国では漢民族の明王朝が滅亡して満州族の清王朝が誕生していました。清王朝は女真族の風俗である弁髪を漢民族に強制しました。琉球では清王朝が弁髪を強制してくるのではないかと非常に恐れていました。当時の漢民族は女真族の髪型をするのを恥としていましたが、琉球でもそうだったようです。

結局、琉球へは弁髪を強制されなかったわけですが、琉球人の髪型がモデルチェンジしたことと、同時期に起きた弁髪をめぐる問題は何らかの関係があったと考えられます。

ハチマチ姿の琉球人

また500～600年前の琉球人は、インド人のようなターバンを巻いていました。それが琉装の男性がかぶる冠のハチマチ（鉢巻）です。あれはもともと長い布を頭にぐるぐる巻きにしたものだったのです。1600年頃、そのターバンを固めて冠状にしたのが沖縄の祭りの行列や首里城で見るハチマキです。

雪舟が出会った古琉球人

雪舟《せっしゅう》といえば室町時代の水墨画家の大家です。彼が子供の頃、涙でネズミを書いてそのうまさに和尚さんが驚いたというエピソードを皆さんもご存じかと思います。雪舟は１４６８年、遣明船の使節として明（中国）に渡り、数年間水墨画の勉強にはげみました。実は中国滞在中、彼は琉球人に出会ったらしいのですが、その事実はそれほど知られていません。

雪舟は滞在中、中国で出会った様々な人たちをスケッチしています。それが「国々人物図巻」です。日本では見ることのできない異国人たちは雪舟にとって好奇心の対象だったにちがいありません。

図巻には王や官人、女性、そして高麗《こうらい》人や女真国人、天竺《てんじく》人などと並び、琉球人も描かれています。この琉球人、おそらく現存する唯一の古琉球人画像です。ゆったりとした服、ハダシ、頭の左側に結ったマゲが特徴です。琉球人の髪型として知られるカタカシラは、本来は頭のてっぺんではなく片側のモミアゲあたりに結っていました。描かれた琉球人が頭の上に結髪してないのは明白です。つまりモデルチェンジする前の琉球人の髪型を描いたものだとわかります。

しかし「国々人物図巻」は雪舟の記名がありません。あくまでも「伝」雪舟画ということで琉球人画像が本物かどうか疑問視される方もいるかもしれません。

ではこの当時の琉球人はどういう姿をしていたのでしょうか。別の記録からみていくと、琉球人はそで口の広い服を着ていて、そで口には五色の糸を使った獣形の刺繡《ししゅう》があり、それを身分の目印にしていたそうです。足はハダシあるいはゾウリをはき、冠をかぶらず、頭の左側（右側という記録も）に髪を結っていたとあります。

これらを見ると、雪舟が描いたといわれる琉球人は単なるイメージで描かれたのではなく、実際の見聞をもとにして正確に描いたと考えたほうがよさそうです。

雪舟は中国に滞在していたので、その時に中国に朝貢してきた琉球人と出会って、彼らの姿をスケッチしたのではないでしょうか。以前放送された大河

ドラマ「琉球の風」に登場した琉球人は、近世（江戸時代）に登場する姿をもとにつくられていますが、実際はそのような姿はしていなかったわけです。これは資料がないからという理由もあるでしょうが、今度、琉球のドラマをつくる時には、雪舟が描いたといわれる琉球人を参考に制作されたらいいな、と思います。

フォーマルウェアはチャイナ服

最近の沖縄では夏にスーツではなく、「かりゆしウェア」というシャツを公式の場でも着ようとする動きが活発です。夏はクールビズということで、小泉元首相がかりゆしウェアを着て登場したことがありました。高温多湿な環境の沖縄でスーツを着ることはかなりの無理があるように思いますが、ビジネスや公的な場面で全く着ないというのは難しいでしょう。実はこういった沖縄の服事情は、数百年前も似かよったものでした。

琉球王国の時代、今のスーツにあたるようなフォーマルウェア（正装）は何だったかというと、中国・明朝の冠服でした。琉球の正装といえば琉装では？　と疑問を持つかもしれませんが、本来の正装は中国冠服です。導入されたのは琉球が中国に朝貢を開始した14世紀頃から。中山王の察度《さっと》が中国冠服を明朝に求めたのが最初です。察度に仕えていた華人（中国出身者）の長年の働きに報いるため、彼らに中国の官職と冠服を与えてほしいと願い出たのです。

彼ら華人は、「明朝から官職をもらって中国冠服を着る者が琉球の人々の尊敬を集めるし、琉球の野蛮な風俗も変わるから」という理由でこれを欲しがりました。琉球では見たこともない冠やきらびやかな絹製の高級服は、おそらく人々の注目を集めることになったはずです。

華人たちの中国冠服を見て、察度も欲しくなったのでしょう。続いて察度自身も再三の要請のすえに冠服をゲットします。これを知った山北や山南の王たちも、察度に負けじと冠服を求めます。やがて中国冠服は三山の王たちを介して臣下へも広まりました。その頃の琉球では、「中国冠服を着る者」と「着ない者」という身分の区別ができていたようです。当時の服は単なるファッションではなく、身分を表す重要な目印でした。
しかし、琉球人たちは日常的に中国冠服を着ていたわけではありません。琉球の人々は普段はゆったりした琉装を着用し、首里城などでの重要な儀式の場でのみ中国

冠服を着るという具合でした。

しかもこの冠服、代々受け継いで着ていたようで、察度が冠服をもらってから40年後、中山王の尚巴志《しょうはし》が「以前もらった冠服はボロボロになってもう使えません。新しいのをください」と明朝に要請しています。琉球を統一した尚巴志ら第一尚氏王朝の官人は、40年間ずっと使い続けたツギハギだらけのボロ服をまとっていたということでしょうか。さしもの英雄もこれでは格好がつきません。

皆が欲しがった中国冠服なのですが、沖縄での着用は非常な苦痛をともなうものだったようです。琉球へやって来た中国の使者は、琉球人が中国冠服をバッチリきめて儀式を行っている最中、ずっと窮屈さに苦しんでいる様子を目撃しています。靴（ブーツ）をはいてベルトをがっちり締め、全身をおおう中国冠服の着心地の悪さは、沖縄の夏の炎天下でスーツを着用するのを想像していただければ実感できると思います。

中国の使者への儀礼が終わると、琉球人はさっさと冠服を脱ぎ、もとのゆったりした服を着てハダシになって帰っていったといいます。彼らの気持ちもわからなくはないですね。

中国皇帝を超えた琉球王

琉球王国は中国（明・清）の冊封《さくほう》・朝貢《ちょうこう》体制下（つまり中国に臣下の礼をとり、皇帝から王として認めてもらうこと）にあったことはよく知られた事実です。

琉球国王が王として即位する際には中国から琉球へ冊封使と呼ばれる使者が渡航し、首里城正殿前の御庭《うなー》において王に対し「なんじを琉球国王に任命する」と宣言する式典が行われました。その際に様々な贈り物とともに、国王には皮弁冠服《ひべんかんぷく》が与えられます。これは国王が着用する中国風の王冠と衣裳《いしょう》です。

この中国の冠服は身分ごとに着用すべき服が厳格に定められていました。琉球国王は郡王ランクに位置付けられていて（日本や朝鮮はひとつ上の親王ランク）、それに応じた服が与えられたわけです。具体的には、郡王ランクは冠に並ぶ宝石や玉の飾りの列が7列に作られていました。もちろん、この冠服制の頂点にあるのは中国皇帝です。

ところが江戸時代初め頃に当たる17世紀、漢民族の明王朝は滅び、北方の満州族の清にとって代わられてしまいます。超大国の中華・明朝が辺境の蛮族にすぎないと考えられていた満州族に政権を奪われたことは、アジアの周辺地域に大きな衝撃を与えました。当時の人々がどれぐらいの衝撃を受けたかといえば、現代でたとえれば超大国アメリカでクーデターが起こり、アルカイダなどのテロリスト集団に乗っ取られてしまったぐらいの衝撃をおそらく受けたはずです。

郡王ランクの冠（玉の列は7列）

琉球でも宗主国の明朝が倒れてしまったことで大騒動になります。中国との貿易で成り立っていた琉球は明・清のどちらにつくかでもめますが、結局、優勢であった清朝に臣下の礼をとり、ひとまず一件落着します。しかしこれ以降、琉球国王の衣裳にある変化が起こります。国王の冠の玉列がそれまでの郡王ランクの7列から一気に12列へと増えるのです。この列の数は、実は皇帝ランクに相当します。琉球国王は自らを中国皇帝の地位に格上げしたのです。

こんなことをすれば中国皇帝が黙っているはずがあり

ません。しかし、実際には何のおとがめもありませんでした。なぜかというと、明朝にとって代わった清朝は漢民族の冠服制を廃し、満州族独自の冠服制を採用したからです。琉球は明朝が滅びても、そのまま明の冠服制度を踏襲しました。それぞれ別の制度であったため、罪に問われなかったのです。清朝も琉球が朝貢国として忠実に従ってくれさえすれば良かったので、清の冠服制を無理強いすることはありませんでした。

琉球はそこに目を付け、明朝風の冠服を自分たちで制作し、中国風の儀礼をさかんに行うようになります。琉球国王は清の冊封体制に参加し、日本の徳川幕府の従属下にありながらも、琉球世界においては「中国皇帝を超えた存在」として君臨することになるのです。

チャッカリしてるというか、せこいというか……しかし、大国のはざ間におかれ、小国ながらもしたたかに生きる琉球の姿が見えるようで、何とも面白い話ですよね。

軍艦だった琉球船

アジア世界で交易活動をしていた琉球王国の船は、「ジャンク船」と呼ばれる中国式の船でした。島国だった琉球は他の地域に移動するには必ず船で行かなくてはなりません。貿易による繁栄を支えていたのがこの船だったわけですが、琉球貿易船のイラストが歴史の本でさかんに登場するわりには、その内実についてはあまり知られていません。ここでは琉球貿易船のヒミツについて紹介しましょう。

琉球王国が貿易でもっとも繁栄していた時代（14～15世紀頃）、その活動をになった主力の船は、実は中国から払い下げられた中古の軍艦でした。この軍艦は中国沿岸部で防衛にあたっていた「衛所《えいしょ》」や「千戸所《せんこしょ》」という軍事組織に属していたものでした。船は全長30～40メートルにも及ぶ頑丈なつくりの大型船で、火砲24門、火箭《かせん》（ロケット式の矢）・神機箭《しんきせん》（１００発同時発射のロケット兵器）28門の強力な装備を持っていました。明朝は、このような軍艦を30隻も琉球王国に無償で提供したのです。

中古とはいえ、当時の中国の造船技術は世界一。この頃には鄭和《ていわ》が200隻の大艦隊を率いてインド・アフリカまで遠征しています（鄭和の旗艦は当時世界最大の船。実にコロンブスの船の5倍の大きさ）。琉球は世界最高の技術で造られた中国式の船を活用することで、アジア各地への長距離航海を可能にしたわけです。琉球はこのクラスの船を自前で造れず、老朽化したときには中国側へ修理を依頼しています。

琉球の貿易船が軍艦の転用だったのは、次のような背景がありました。明朝の初期、中国沿岸には多数の軍艦が配備されていました。なぜならこの時期の海域は「倭寇《わこう》」が活発に活動して朝鮮半島や中国沿岸を荒らしていたからです。明朝は海防体制を強化し、沿岸部のいたる所に砦《とりで》を築き、30万人の兵をおいて倭寇に備えていました。このため、琉球へ無償提供できるだけの十分な船舶（軍艦）が明朝側にあったのです。

琉球に提供された明朝の軍艦ですが、装備されていた武器まではもらえなかったようです。１４２１年（第一尚氏の時代）、中国へ向かう琉球船が倭寇の船20隻に襲われたのですが、武器がなかったために皆殺しに遭っています。以降、琉球船は海賊に備えて貿易船に防衛のための武器を積んだと琉球の外交文書集（『歴代宝案《れきだいほうあん》』）にあります。つまり提供された船は武器を装備していない軍艦だったわけです。

倭寇に襲われた後、武装することになった琉球の貿易船は、おそらく先に述べたような明朝の軍艦のような武器を装備したはずです。実は、琉球には15世紀、すでに中国式の鉄砲が伝来していたので（『日本より１００年早く伝わった鉄砲』１５９頁参照）、大砲やロケット式の矢を装備しても不思議ではありません。

貿易品を満載していた琉球船は「宝の船」でしたが、武器を装備したことによって、ひとたび海賊に襲われれば軍艦としての性能をいかんなく発揮することができるようになりました。

武装した琉球船は海賊への防衛だけではなく、何と東南アジアの戦争にも参加しています。１４７5年のベトナムの占城《チャンパ》国と安南国の戦いで、琉球船は占城に味方して安南側を攻撃しています。このように琉球の船は貿易品を運ぶだけでなく、攻撃能力も持っていた船だったのです。

球人に網巾をきせる

琉球と交流のあった中国の福建《ふっけん》には、当地の沖縄では知られていないコトワザや、交流をうかがわせる言葉などが残っています。

福建の泉州《せんしゅう》と福州《ふくしゅう》の港は、琉球の進貢船《しんこうせん》の寄港地となっていました。この進貢船とは明朝から公認された琉球王府の直営船です。琉球と中国との貿易は基本的に国家間の公的な活動に限定されていました。しかし、その裏では密貿易が行われていました。明朝は民間人が勝手に海外へ出向いて貿易することを禁止したのですが、中国沿岸部は土地も少なく、農業をするより貿易活動で生計を立てている人々が多く住んでいました。貿易が禁止されると彼らは生活できません。そこで貿易商たちは現地の役人と結託して、なかば公然と密貿易活動を行ったのです。

密貿易は非合法なので記録に残ることは少なく、実態もよくわからないのですが、今日の福建にはある言葉が伝えられているそうです。それが「做琉球（ツォ・リウチウ)」という言葉です。「琉球貿易に出かける」という意味です。福建では禁令をやぶって海外に貿易に行く商人が多かったようで、「做琉球」もその名残りではないかと言われています。

また清代の中国には琉球に関する面白いコトワザがありました。16世紀、琉球国王を任命する中国の使者(冊封使《さくほうし》)の副使に謝杰《しゃけつ》という人物がいたのですが、謝杰の親《しん》戚《せき》が使節に同行して琉球へ行ったそうです。彼は中国で網巾《もうきん》(中国人がつけるヘアーネット)を大量に買い込んで琉球で売りさばこうと試みます。しかし、琉球人の髪型はカタカシラという琉球独特の髪型で、中国人のように網巾をつける習慣はありません。当然、網巾は琉球で全く売れませんでした。このままでは大損です。

そこで彼は謝杰に頼みこんだのでしょうか、謝杰は琉球に対してこう言います。「明の礼にならってお前たちが網巾を着けなければ、琉球国王を任命する儀式は行わない」と。驚いた琉球人たちは、われ先にと謝杰の親戚が持ってきた網巾を買い、網巾は完売してしまいました。職権乱用もいいとこですが……それ以来、福建では押し売りをすることや、無理やり人に何かをさせることを「球(琉球)人に網巾をきせる」というようになったそうです。残された言葉から交流の歴史をさぐるのも、けっこう面白いかもしれませんね。

タバコ大好き琉球人

最近の禁煙志向の広まりで、タバコをたしなむ喫煙者の方はずいぶん肩身のせまい思いをしているのではないでしょうか。タバコといえば、沖縄では「ハイトーン」や「うるま」などの県産タバコが有名ですが、沖縄とタバコの関わりは、実は長くて深いものです。その歴史を見てみましょう。

タバコはもともと南米アンデス山脈の原産で、先住民（インディオ）が神々と交信する儀式に幻覚剤とともに使ったり、医療や社交の際に用いられたりしていました。その使用はインカ帝国をさかのぼると言われています。そして、このタバコを全世界に広めたのは新大陸を征服したヨーロッパ人たちでした。ヨーロッパでは主に万能薬として使われましたが、その高い依存性から世界各国でたびたび禁止令が出されていました。イスラム世界では喫煙者が処刑されたほどです。しかし人々を完全に〝禁煙〟させることは難しかったようです。

アジアへは大航海時代の16世紀にスペイン人がルソン（フィリピン）へタバコをもたらし、琉球へは東南アジアや中国経由で伝わったとみられます。タバコはまたたく間に琉球にも普及しました。浦添グスクからは陶器製のキセルが出土しています。古琉球時代にタバコが伝わって、すぐさまグスクの住人たちがニコチンのとりこになっていたことがわかります。当時のグスクの主は浦添尚家の尚寧王です。もしかしたら彼もヘビースモーカーだったかもしれません。

しかしタバコは火の不始末から火災の原因となったり、タバコの葉を生産することで米の収穫が減ったりするというマイナスの面もあり、王府は「ただタバコのみ益なく害多きこと、これに過ぎたるものなし」と述べてい

煙草を吸う３人の琉球人（『青い目が見た「大琉球」』ニライ社より）

ます。首里城では禁煙令も出されました。正殿の中枢部は禁煙になり、国王への謁見や儀式のときにも喫煙が禁止されました。今風にいえば全面禁煙でなくて分煙ですね。禁煙令が出されたということは、それ以前は首里城内でタバコを吸うことが可能であったということでしょうか。もしかしたら正殿内はタバコのけむりでモウモウとしていたかもしれません。

喫煙は琉球の庶民にも広まり、那覇ではタバコ作りで生計を立てる者もでてきました。キセルとタバコ入れは役人から庶民にいたるまで必需品となり、現代の我々が携帯電話を持つように、皆がキセルとタバコ入れを持っていました。後にペリーをはじめとした欧米人が琉球へ来航した際、人々の姿をスケッチしていますが、多くの人々の腰にはキセルが差され、タバコ入れがぶらさがっているのを確認できます。

そのほかタバコは薩摩からも輸入していました。薩摩産は高級品で、日本全国に流通する有名ブランドの国分《こくぶ》タバコが琉球へ出荷されました。このタバコは国王から中国皇帝への献上品にもなったといいます。タバコの需要が高まるにつれ、王府はタバコの自給化路線をすすめました。庶民は税として納めるべき米を輸入タバコの購入代にあててしまい、年貢が払えなくなる場合があったからです。まことにタバコの魅力（魔力？・）というのはオソロシイですね。

500年前の〝沖縄移住ブーム〟
—那覇にあった「日本人町」

かつて那覇は琉球王国の港湾として繁栄していました。琉球の中継貿易によってアジア各地からもたらされた舶来品が市場にならび、その品々を求めて様々な地域から人々が集まってきました。那覇はアジアでも有数の国際貿易港だったのです。外の世界からやって来た人々は、中国の福建から渡来した「閩人《びんじん》三十六姓」が有名です（「閩」とは福建地方の別名）。彼らは那覇の中央部に土の城壁で囲まれた「久米村」と呼ばれるチャイナタウンをつくり、そのなかには中国風の豪華な建物が並んでいました。実は、那覇にはチャイナタウンだけではなく、「日本人町」も存在していました。

今ではほとんど昔の姿をとどめていない那覇の町ですが、かつての「日本人町」の残された跡をいくつか確認することができます。例えば「若狭《わかさ》町《まち》」。この地名は、日本（ヤマト）の畿内《きない》地方の人が渡来して街をつくり、彼らが名づけたと伝えられています。「若狭」とはご存じのように、今の福井県にあたる昔の国名です。それから若狭町にある「波上宮《なみのうえぐう》」。かつては「波上熊野権現《なみのうえくまのごんげん》」と呼ばれていました。神社なんて普通どこにでもあるじゃないか、と思うかもしれませんが、よく考えてみてください。沖縄はかつて琉球という独立国でした。神社は琉球にとっては「異国」の宗教施設です。今では残されていませんが、那覇に点在していた地蔵堂やエビス堂、天満宮、禅宗寺院など……これらも全て「異国」のもの。つまりこれらはヤマトから渡来した人々がもたらしたものなのです。また若狭町には戦前まで日本人の石塔墓地が残っていました。

15世紀頃（室町時代頃。第一尚氏の時代）の那覇を描いた地図（『琉球国図』）には、久

若狭町のヤマト人墓地（〇部分）（『沖縄志』青潮社より）

米村のほかに「日本人」と「本島人（沖縄の地元民）」の家があると記されています。当時の那覇は「浮島《うきしま》」と呼ばれた島になっていて、その島にチャイナタウンの久米村があり、日本人と琉球人が雑居していたことがこの地図からわかります。

特徴的なのがヤマトから来た人々が地元民と雑居している点です。日本と琉球は別々の国でありながらも文化的に非常に近い関係にありました。那覇に住みついた日本人たちは琉球人と一緒に暮したとしても、わりと違和感なくすごせたのではないでしょうか（もちろん全く同じとはいえないでしょうが）。久米村が土の城壁で囲まれた自分たちだけの地区をつくり、地元民と別々の生活を送っていたのとは対照的です。

那覇に住みついたヤマトの人々は大坂の堺出身が多かったようです。当時の堺商人は日本各地や海外にも出かけて活発に商売をしていました。彼らは那覇に集まる舶来品を求めてはるばるやって来たのです。

那覇に住む日本人は商人だけでなく、禅宗をはじめとした坊さんや文化人、技術者など様々でした。王府は彼らの一部を雇い、行政や外交の通訳官、王府の貿易活動にも従事させていました。17世紀（江戸時代初め頃）、茶道の師範として王府に仕えた堺出身の喜安入道《きあんにゅうどう》はよく知られています。何百年も前に「沖縄移住ブーム」はすでに存在していたのです。江戸時代初め頃の日本では、那覇には「日本人町」があると認識されていたようです。

しかし那覇に住む日本人たちの活動は、日本と琉球の二国間だけで完結していたのではありませんでした。16世紀（戦国時代頃）になるとアジアでは「商業ブーム」が起こってヒトの移動が活発になり、様々な地域から人々が海外に乗り出します。当時は「国境」や「民族」という壁があまり意識されていないボーダーレス社会で、日本でも江戸時代初め頃までに10万人が東南アジアへ渡航・移住して、各地に「日本人町」をつくります。那覇は日本と東南アジアを往来する中継地として使われていました。つまり那覇の「日本人町」は、アジア各地につくられた「日本人町」のひとつとして位置していたのです。

がんばれ移住者山崎さん

今日、〝沖縄移住ブーム〟を知らない人はまずいないのではないでしょうか。マスコミなどで盛んに「癒《いや》しの島沖縄」が宣伝され、かつてなかった数の人々が沖縄を訪れ、移り住んでいます。この現象は沖縄の歴史はじまって以来だと思われるかもしれません。

しかし、４００～５００年前（日本では戦国時代）にもヤマトからの沖縄移住ブームがあり、数多くのヤマトの人々が沖縄へやって来ていた事実はまったく知られていません。今回は４００年前に生きていた一人の沖縄移住者の話をしましょう。

その人物とは山崎二休守三《にきゅうしゅさん》。１５５４年生まれで彼はヤマトの越前《えちぜん》（今の福井県）出身です。彼は医術をこころえた人間で、医術の腕をみがくうちに、ふとある噂を耳にします。

「南海の琉球というところは中国と交流があり、すぐれた医術の妙法がある」

これを聞いていても立ってもいられなくなった守三は故郷の越前を去り、はるばる琉球へ向かいます。彼は港町の那覇にしばらく居住していましたが、やがてその腕を買われて王府おかかえの医者として取り立てられます。よほど居心地が良かったのでしょうか、彼はマナベさんという女性と結婚し、そのまま琉球に居ついてしまいます。

1609年、琉球に激震が走ります。薩摩の島津軍が琉球を襲ってきたのです。この時、守三は首里城の西《いり》のアザナ（物見台）を守り、攻めてきた島津軍の武将・法《ほう》元二《もとに》右衛《え》門《もん》の兵たちを撃退、法元も負傷させるという戦功をあげます（医者が人を傷つけるのもどうかと思いますが……国家存亡の緊急時にはそうも言っていられなかっ

首里城西のアザナ。守三が守っていた場所

たのでしょう)。

しかし彼の奮戦もむなしく琉球は降伏、守三も捕らえられてしまいます。彼に傷を負わされた武将の法元は守三を問い詰めます。「お前は日本人なのになぜ敵対したのだ」と。

守三は答えます。

「たしかに私は日本の漢《おとこ》である。しかし琉球へ来て国王に仕え厚い恩恵を受けたのだ。たとえ処刑されても悔いはない」

そして彼がまさに処刑されようという時、尚寧王は島津軍の兵に私財の宝物を与えて買収し、守三は命を助けられたのです。

豊臣秀吉の朝鮮出兵の際には、「降倭《こうわ》」と呼ばれる日本人が朝鮮側に味方して日本軍と戦った例もあるように、当時の世界では民族や国家という壁があまり意識されていなかったことがわかります。

現在の世界はボーダーレス・グローバル化が進む社会とされていますが、実はそのような社会はかつて存在していました。400年前のボーダーレス化されたアジア世界で、守三のような多くの〝移住者〟たちが琉球を訪れていたのです。

武器のない国琉球？（1）

琉球といえば、「武器のない国」としてイメージされる場合が多いと思います。平和を希求する尚真《しょうしん》王が武器を捨て世界にさきがけて〝非武装国家宣言〟をしたとか、ナポレオンが武器のない琉球の話に驚いたというエピソードも、これらを根拠づけるものとしてよく引き合いに出されます。

しかし歴史を詳しく調べていくと、事実は全くちがうことがわかります。まず尚真王は武器も廃棄していないし、〝非武装国家宣言〟も出していません。刀狩りの根拠とされた「百浦添欄干之《ももうらそえらんかんの》銘《めい》」（１５０９年）という史料にはこう書かれています。

「もっぱら刀剣・弓矢を積み、もって護国の利器となす。この邦の財用・武器は他州の及ばざるところなり」

刀狩り説は、これを「武器をかき集めて倉庫に積み封印した」と解釈していました。しかしこの文を現代風に訳すると、何と「(尚真王は) 刀や弓矢を集めて国を守る武器とした。琉球の持つ財産や武器は他国の及ぶところではない（他国より金と軍備を持っている）」という意味になるのです。尚真王は武器を捨てるどころか、軍備を強化しているのです。

実際に、１５００年の王府軍による八重山征服戦争では軍艦１００隻と３０００人の兵が動員され、１６０９年の薩摩島津軍の侵攻に対しては、琉球は４００００人の軍隊で迎え撃ち、最新兵器の大砲でいったんは島津軍を阻止しています。

尚真王が刀狩りをしたり軍備を廃止した事実はなく、この時期にそれまでの按司《あじ》のよせ集めだった軍団から、王府指揮下の統一的な「琉球王国軍」が完成したというのが真実なのです。

古琉球の歌謡集『おもろさうし』には数々の戦争をうたったオモロ（神歌）が収録されています。そのなかでは、琉球王国の軍隊のことを「しよりおやいくさ（首里親軍）」と呼んでいます。聞得大君《きこえおおぎみ》に関するオモロを集めた巻では、全41首のうち、実に4分の1にあたる11首が戦争に関するオモロです。古琉球時代では武装した神女（ノロ）が霊的なパワー（セヂといいます）を兵士たちに与え、戦争にのぞんでいた様子をうかがうことができます。沖縄には「イナグヤ戦ヌサチバイ（女は戦のさきがけ）」という言葉も残っています。当時は霊的なパワーも実際の戦闘力と同じように考えられていたので、兵士たちが戦う前には、両軍の神女たちがお互いの霊力をぶつけ合う合戦が行われていたようです（映画『スターウォーズ』の〝フォース〟で戦う感じでしょうか）。

当時の琉球の人々はこの霊力（セヂ）の存在を本気で信じていたようです。島津軍が琉球侵攻の準備を着々と進めていた時期、琉球に渡航した中国の使者は、王府の高官たちに「日本が攻めてきそうだ。ちゃんと備えているのか」とたずねたところ、高官たちは「大丈夫です。我々には琉球の神がついております！」と自信満々に答えて使者を呆《あき》れさせたことがありました。琉球の高官たちは、強力なフォースを持つ聞得大君をはじめとした神女たちが電撃ビームで島津軍の兵士たちを次々と倒していく光景を想像していたのかもしれませんね。

武器のない国琉球？（2）

それでは近世（江戸時代）の琉球はナポレオンが聞いたように「武器のない国」だったのでしょうか。答えは「ノー」です。

たしかに薩摩に征服されてからは、かつてのように琉球王府が自在に動かせるような軍隊はなくなったようです。そのかわり琉球の防衛は、幕藩制国家のなかの薩摩藩が担当することになりました（「琉球押《おさ》えの役」といいます）。

薩摩藩は琉球に軍隊を常駐させることはありませんでしたが、有事の際には薩摩からただちに武装した兵士たちが派遣されました。つまり琉球は近世日本の安全保障の傘に入っていたのです。琉球は薩摩藩の支配下に入っていたので、当たり前といえば当たり前です。

また琉球の貿易船が出港する際には、薩摩藩から貸与された鉄砲や大砲を装備して海賊の襲撃に備えていました。琉球国内では鉄砲以外の武器の個人所有は禁止されていませんでした。

それに注意しなくてはいけない点がひとつ。近世の琉球はたしかに大きな戦争もなく「平和」な状況が何百年も続きましたが、それは琉球だけにかぎったことではありません。江戸時代の日本は「天下泰平」といわれた、かつてないほど平和だった時代。もともと軍人であった武士も、戦いより学問や礼儀を重んじる官僚となっていきます。さらに周辺諸国でも大きな戦争はなく、それ以前の時代では考えられないほど東アジア世界全体が「平和社会」となっていた時代だったのです。琉球だけが平和だったのではありません。

それにナポレオンが聞いた話は、琉球を訪れた欧米人バジル・ホールの体験談であって、彼は琉球社会のほんの一部分を見て判断していたにすぎません。ホールはさらに「琉球には貨幣もない」とまで言い切っています（もちろんそんなことはありません）。

琉球の「武器のない国」というイメージはどのように作られ、広がっていったのでしょうか。それは琉球を訪れた欧米人の体験談が、19世紀アメリカの平和主義運動のなかで利用されていった経緯があります。好戦的なアメリカ社会に対し、平和郷のモデルとして自称琉球人のリリアン・チンなる架空の人物が批判するという書簡がアメリカ平和団体によって出版され、「琉球＝平和郷」というイメージが作られました。このアメリカ平和主義運動で生まれた琉球平和イメージ、史料の解釈の読み違いから出た非武装説に加え、さらに戦後の日本で流行した「非武装中立論」が強く影響して、今日の「武器のない国琉球」のイメージが形作られていったのです。

そもそも琉球史の戦争をめぐる問題の核心は、武器があったかどうかという単純な話ではなく、琉球という国家が自らの政治的意志を達成するために、暴力（軍事力）を行使する組織的な集団を持っていたかどうかを探ることです（その点からいえば、琉球は尚真以後も「軍隊」を持っていたのです）。武器はあくまでもその組織（軍隊）が目的を達成するための道具にすぎません。これまで「軍隊とは何か、戦争とは何か」という問題が非常にあやふやなまま議論されてきたのではないでしょうか。

医者が患者を治すため病気の実態を研究するように、平和を求めるのは何も「戦場」の悲惨さを訴えるだけではないと思います。病気の恐ろしさと健康を求める心を訴えることも大事でしょうが、病気（軍事・戦争）の実態を探ること、それを僕は大事にしたいし、〝治療〟にもつながるものだと思っています。

オランダの旗を掲げていた琉球船

対外世界と活発に貿易をしていた琉球王国は、当然のことながらたくさんの船を所有していました。琉球の貿易船は中国でつくられたものと同じ形の「ジャンク船」と呼ばれる船でした。この琉球船にはオランダの旗が掲げられていたことはご存じでしょうか。琉球船を描いた絵図にはオランダの旗と見られる三色旗が描かれたものがあります。なぜ琉球船はオランダの旗をかかげていたのでしょうか。

その理由は琉球が１６０９年島津氏に征服され、日本の幕藩制国家の傘下に入ったことにあります。江戸時代、オランダは長崎の出島に商館を置き、西洋諸国のなかで日本との貿易を唯一許された国でした。貿易とはいいますが、この時期のオランダは自分たちの貿易以外に、敵対する船を襲って積荷を強奪することも重要な任務でした。つまり味方以外の船に海賊行為を行うことも仕事だったのです。オランダはイギリスと手を組んで、スペイン・ポルトガル、中国船を襲って次々に積荷を奪いました。例えば日本から東南アジアに向かうあるオランダ船の積荷は90パーセントが海賊行為で奪った品だったといいます。

海賊にひとしいオランダ船が行きかう中で、琉球船も同じ海域を航海しなくてはなりませんでした。中国船と同じ形の琉球船は彼らに見つかれば襲われてしまうかもしれません。そこで琉球船はオランダの敵ではないと示すためにオランダの旗とオランダ商館が発行した通航許可証を持って貿易に出かけたのです。これらは当時琉球を支配下に収めていた薩摩藩を仲介して長崎のオランダ商館から手に入れました。

徳川幕府もオランダに琉球船を襲うことを禁止する通達を出していました。江戸城に赴いたオランダ商館長は将軍にお目通りをした後、老中から通訳を介して「琉球は日本に従う国なので襲ってはならない」という通達を読み聞かされました。このお達しは実際に効果を発揮したようで、琉球船がオランダ船に襲われた記録は全くありません。海上で琉球船とオランダ船が遭遇した場合、オランダ側は自分たちの旗をかかげられている船を見て「これは琉球船だな」と確認して素通りしたのでしょう。琉球船のオランダの旗は一種の通航許可証として使われていたわけです。

琉球の農民は働かない？

沖縄というと本土と比べてノンビリした場所として知られています。沖縄の方言でも「テーゲー（適当、おおまか）」という言葉が否定的な意味ではなく、むしろ肯定的にとらえられている感があります。それでは琉球王国時代はどうだったのでしょうか。沖縄の「テーゲー」ぶりを歴史から見ていきましょう。

近世琉球（江戸時代）の農民は、なかなか農作業をしませんでした。17世紀の薩摩藩から琉球への通達書には、「琉球では女性ばかり耕作していて、男は〝大形（テーゲー）〟にやっているようだ。ちゃんと働かせろ」との一節があります。

「農業は国の本」とする琉球王府はたびたび農民たちに農耕を行うように命じますが、農民のほうは魚ばかり獲《と》っていて田畑はほったらかしという光景が一般的に見られたといいます。クワなどの農具も、18世紀に入ってもほとんど普及していない状況でした。

さらにある村では1年のうち60日も祭りがあって、農耕のさまたげになっていました。王府は農民の漁業活動や祭祀《さいし》を禁止したり、村々へ監督官を派遣して指導するなどの対策を行いますが効果は上がらず、農民の農業のサボりは村役人の責任にされました。村役人にしてみれば、農民は言っても聞かないし、お上からはうるさく叱られるし、ジレンマだったでしょう。

このようにみてみると、琉球の農民は全然働いていないように思えます。しかし、その見方は適切ではありません。そもそも琉球は農業にそれほど向いていない土地なのです。島国のうえ平地が少なく、水源の確保が難しい。毎年来る台風などのきびしい気候的条件……ただ、そのかわりに目の前には広大な海があります。海からは一年を通じて豊富な魚介類が獲れます。よってわざわざ農業を一生懸命に行わなくても、海に出れば何とか生活できたわけです。

さらに江戸時代以前の琉球王国は交易国家だったので、農業が「国の本」ではありませんでした（もちろん農業が全然なかったわけではありませんが）。祭りについても、神に感謝するという昔からの伝統行事であって、別に遊んでいたわけではありません。

江戸時代に入って薩摩藩の支配下におかれると、日本の石高制などに見られる農業社会の考えが琉球にも持ちこまれます。琉球王府はそれまでの交易・漁業など「海」を中心とした国家から、農業など「陸」を中心とした国家への転換をこころみるのです。つまり、農民の耕作のサボりは彼らの怠慢だったのではなく、国家の主導によって農業化が進められたものの、古来より続く琉球の社会的土壌がそれを受け入れなかったということなんですね。

ニート君は島流し

琉球王国時代には現代の我々から考えると少々おかしな罰が存在していました。それは家族・一族のなかで学問や仕事に励まず遊んでばかりいる者や、親族の言うことを聞かない乱暴者などの問題児を、親族が王府に訴えて島流しにしてもらう刑です。つまり今風にいえば「ニート君島流しの刑」ですね。罪はあくまでも親族の訴えによって発生し、島流しの年数や流される場所まで、訴えた親族が自由に決めることができました。琉球王国時代のニート君は、史料中には「気随意者《きまかせもの》」という表現で出てきます。

いくつかの事例を紹介しましょう。事件の当事者は、兼城間切《かなぐすくまぎり》（今の糸満市）糸満村のタラ玉城《たまぐすく》容疑者（26歳）。タラはある罪で渡名喜《となき》島へ3年の島流しの刑に処せられたのですが、渡名喜島へ向かう途中滞在した渡嘉敷《とかしき》島の家のメシがまずいという理由で舟を盗んで脱走、ひそかに糸満《いとまん》村の母のもとに帰りました。ところがタラのあまりの放蕩《ほうとう》ぶりに母が耐えきれず、島流しにしてくれと役所に訴えて事が発覚、タラは逮捕され、宮古島へ再び島流しにされることとなります。

ここで興味深いのは、タラは脱走の罪で罰せられたのではなく、母からの訴えによる放蕩者を懲らしめるための刑で罰せられたことです。親族の訴えによる島流し刑のほうが重く、他の刑より優先されていたようです。

ちなみに犯罪者であるタラを母がかくまったことについては、親子の情愛でしてしまったことだからと、罪に問われませんでした。

島流しにされたのは庶民だけではありませんでした。1687年、浦添按司《うらそえあじ》は親戚《しんせき》の訴えで粟国島《あぐにじま》に流されます。彼はじつに23年間も島流しにされていましたが、彼はそれまでの地位を剝奪《はくだつ》されず、お供もついていました。この異例の待遇から彼の島流しが一族のトラブルメーカーであったという単純な理由ではなく、何かウラがありそうな感じがします。

ともかく王府の高官でさえ親族の訴えによる島流しの刑は例外ではなかったことがわかります。

ニート君たちにとってはまことに恐ろしい罰です。世が世なら僕も島流しの刑をくらうでしょうね（苦笑）。やはり訴えられたら負けかなと思ってしまいます。

石垣島の朝鮮語通訳

琉球と朝鮮―。両国は中国（明・清朝）の朝貢国であることはよく知られた事実ですが、お互いの交流の歴史について知っている人はあまり多くないと思います。琉球と朝鮮との交流は、実はそれほど活発だったわけではありませんでした。

中世（古琉球時代）には琉球から朝鮮に外交使節が派遣されて直接的な交流がありましたが、朝鮮側からの積極的な働きかけは見られず、しかも琉球使節のほとんどは日本の博多商人に外交業務を委託するかたちで行われていました。やがて近世（江戸時代）に入ると両者の交流は、朝貢でおもむいた中国・北京の第三国経由で行われるかたちになっていました。

このように一見すると疎遠に見える両者の間がらなのですが、関わりは皆無だったのではありません。みなさんは近世の石垣島に朝鮮語通訳がいた事実はご存じでしょうか。通訳の名前は伊志《いし》嶺《みね》仁屋《にやー》英叙《えいじょ》。仁屋とはランクを表す称号で、低位の官人のことです。石垣島というと沖縄島よりさらに南で、中国大陸や台湾にずっと近い先島諸島に位置します。当然、朝鮮ははるか彼方です。朝鮮と全く関係なさそうなこの島に、どうして朝鮮語通訳がいたのでしょうか。

国家レベルで直接的な交流はなくなったものの、民間においてははからずも両者が接触する場合がありました。それが漂着民です。琉球諸島には嵐に遭った朝鮮の船がしばしば流れ着いていました。琉球王府は彼らを手厚く保護し、中国経由で彼らを本国に送り帰しましたが、その際の対処に当たったのが朝鮮語通訳だったわけです。

英叙はもともと中国語通訳として、石垣島に漂着した中国人と交渉する仕事をしていました。1832年と1833年、石垣島に朝鮮人が漂着します。現場に駆けつけた英叙は中国語で話しかけますが全く通じません。当初は中国人が漂着したとの情報で、英叙が派遣されたのです。相手が朝鮮人と判明したものの、この時石垣島には朝鮮語がわかる人間は一人もいませんでした。英叙は身振り手振りや筆談で何とか彼らとコミュニケーションをとろうとしますが、うまくいきません。漂着朝鮮人は英叙に付き添われて沖縄島まで送られます。

これをきっかけとして英叙は朝鮮語を学ぶことをこころざします。上から命令されるわけでもなく、自ら進んで朝鮮語通訳となる道をめざしたのです。漂着民とともに向かった沖縄島の泊《とまり》村には、朝鮮語を話せる佐久本筑登之親雲上《さくもとちくどうんぺーちん》がいました。当時、泊村は漂着民の収容センターがあり（泊に外人墓地があるのはこのためです）、ここにはわずかながら朝鮮語通訳がいたのです。英叙は佐久本について朝鮮語のレッスンを受けました。沖縄での滞在費用は全て自腹。彼は相当な熱意をもって朝鮮語の習得につとめていたにちがいありません。

1年あまりの後、英叙は見事に師匠から修了証をもらって石垣島に帰ります。やがて嵐で朝鮮人の船が与那国島に漂着しますが、この時、英叙は石垣島から与那国島まで出向いて彼らを保護し、沖縄島の泊村の収容センターまで護送しています。先島諸島でたった一人の朝鮮語通訳は、朝鮮漂着民の保護に大活躍することになるのです。

なぜ英叙はわざわざ朝鮮語通訳となったのでしょうか。琉球にはまれだった朝鮮語通訳という特殊な技能を活かして、任官を有利に進めようとしたことも理由のひとつです。しかしプライドを持ってやってきた自分の仕事が朝鮮漂着民たちに全く通用しなかったという苦い体験が、そのきっかけにあることは間違いないでしょう。彼はそのくやしさをバネにして、ついに朝鮮語通訳となったのではないでしょうか。おだやかな南の島に住む人々は、ノホホンと「テーゲー（適当）」に暮らしていただけでは決してなかったのです。

燃えよ大綱挽

毎年10月に行われる那覇の大綱挽《おおつなひき》。那覇の最も大きな祭りのひとつで、数十万人が参加するビッグイベントです。あわせて全長２００メートル、直径１・56メートルになる巨大な綱2本を「頭貫棒《かぬちぼう》」と呼ばれる棒で連結し、東と西に分かれて挽き合います。大綱はギネスにも認定された世界最大級の綱。この綱挽は王国時代から続く伝統ある祭りで、東西双方がお互いのプライドをかけて勝負する勇壮な祭りとされています（現在の大綱挽は、戦前にとだえていた祭りを１９７１年に復活したもの）。

しかし王国時代の那覇の大綱挽は勇壮を通りこして、過激というほかありません。当時の大綱挽は「戦花遊び《いくさはなあし》」とも呼ばれた乱闘がともなう祭りで、那覇の人々はこの祭りに命をかけて挑んでいました。非日常的なイベントである祭りは民衆のパワーが一気に爆発する場所だったのです。その熱狂ぶりはワールドカップどころの騒ぎではありません。王国末期（日本でいうと幕末）、１８６３年の那覇大綱挽の様子をみてみましょう。

この年の大綱挽は昼間の華麗な旗頭の行列のあと、夜9時すぎに東西に分かれて綱挽が開始されます。ドラやカネ・太鼓、火砲の音が響くなか、東西両方の綱がまさに連結されようとする時、突如として試合開始のカネが鳴らされます。すでに2本の綱が中央で連結されているとカン違いした両陣営は、まだつながっていない綱を思いっきり引くと、それぞれの方向に一気にバタバタと将棋倒しになってしまい、勝負は引き分けの判定がくだされます。

翌日、判定に納得できない東側陣営は「西側から勝手に合図をして引きはじめたから西側の反則負けだ」と主張して、勝ちどきをあげて西側にアピールしようと勢ぞろいします。これに怒った西側の陣営、彼らの勝ちどきを阻止しようと東側に相対し、両陣営は棒や刃物、石などで武装して「合戦」寸

前にまでなってしまうのです。

この一触即発の状況に、薩摩役人と王府役人が仲裁に入って解散命令を出し、すんでのところで「合戦」はまぬがれました。

ところがこの場は何とか収まったものの、不満がくすぶる東西両陣営の一部でついに大乱闘がぼっ発、死傷者を出す惨事となり、見かねた王府は9年間も那覇の大綱挽を禁止してしまいます。この時の大乱闘では、綱挽が行われた付近の民家の石垣がくずされて敵に投げつける石として使われ、またある者は顔中に真っ黒なスミを塗りたくり、棒や竹ヤリを持って集団でかけ出していったといいます。刃物や竹ヤリで屈強な青年たちが激突する那覇の大綱挽……過激すぎて参加したくありませんね。

大綱挽に限らず、那覇ではハーリー（爬龍船《はりゅうせん》のレースを行う祭り）の際にも青年たちのケンカが多発したそうで、王府や薩摩役人はたびたびケンカ・口論の禁止令を出していました。しかし、かれら権力は祭りに熱狂する那覇の人々を止めることはできなかったのです（こう言っては何ですが、たび重なる自粛要請にもかかわらず、毎年のようにくり返される那覇市の成人式騒動のようなものでしょうか……）。

人々がイベントや勝負ごとに熱くなるのは今も昔も変わらないのかもしれませんが、昔の人の祭りにかける情熱はハンパじゃありませんね。

船旅ナイトフィーバー

大小１６０の島からなる琉球は、船で旅に出かける姿が日常的な光景でした。しかし当時の船は風をたよりに目的地に向かう帆船の旅。現代のように天気予報もなかった時代、いつ風向きが変わり暴風雨に見舞われるかわからず、非常な危険をともないました。当時の言葉に「唐旅《とうたび》」という言葉がありますが、これは「中国への旅」というだけでなく「死ぬ」ということも意味していました。遠い中国への船旅は〝死出の旅〟と同じと考えられていたからです。

それでは、公務で船旅に出かける人々は〝死出の旅〟にあたり、どのような行動をとったのでしょうか。生きて帰ってこれるかどうかは、ただ運だけにかかっていました。人の力でどうにもできない運命を決めるのは神さましかいません。よって旅立ちの前には霊験あらたかな航海安全の神さまに祈りをささげたのです。

琉球で祈願の対象となった航海安全の神は、まず天妃《てんぴ》（媽祖《まそ》）があげられます。この天妃はもともと中国の女性の神で、東アジアから東南アジアにかけて広まっていました。琉球へは久米村の中国系移民がもちこんだといわれています。そのほかは観音さまやフナダマ（船霊）、そして琉球の聞得大君も航海安全の神さまと考えられていました。

神さまへの祈りは船出する本人だけではなく、無事を願う親類も必死に旅の安全を祈っていました。親類はウタキや寺院・神社にお参りし、さらに親類一同集まって床を足で踏みながら歌い踊る儀式などを行いました。

本人が旅に出た後も、留守家族や親類の女性が集まって、徹夜で「旅クェーナ」と呼ばれる神歌を歌いながら踊りまくるのが恒例だったようです。女性が歌うのは沖縄の「オナリ神信仰」という、親族の女性の霊力が男性を守護するという信仰からきています。

近世（江戸時代）の王府は儒教的な考えからみてあまりに非合理すぎるということで、沖縄古来から続く夜間の旅踊りを禁止したようですが、旅踊りの風習は以後も続いたようです。

三司《さんし》官《かん》だった伊江《いえ》親方《うぇーかた》朝睦《ちょうぼく》の例をみてみましょう。

1812年、彼の息子朝安《ちょうあん》がヤマトに出張した際、帰国の日が近づくにつれ無事の帰りを願う伊江親方の祈りは激しさを増していきます。親戚《しんせき》一同で首里の弁ヶ嶽《べんがたけ》や普天間宮《ふてんま》にお参りするだけでなく、帰宅後はご馳走《ちそう》を出し、さらに三線《さんしん》・鼓を鳴らして旅踊りや歌、狂言など、連日舞えや歌えやの大騒ぎ。

一見遊んでいるようですが、当人たちはいたって大マジメです。「息子よ、無事に帰って来い！」という思いをこめて、みな必死に踊りまくっていました。伊江親方は当時81歳。彼は老体にムチ打って息子が無事に帰るよう「努力」したのです。

伊江親方の必死のドンチャン騒ぎが功を奏したのでしょうか。息子はついにヤマトから戻ってきます。彼は親戚一同で那覇港へ向かい、感動の再会を果たします。

しかし、ここでメデタシ、メデタシではありません。無事帰国した後、伊江親方はさらにウタキや寺社にちゃんと感謝の祈りをささげに行きます。帰ってきたら知らんぷり、「困った時の神頼み」ではいけないのです。

それでも嵐にあった時

前回は船で旅立つ人々が安全に航海できるよう様々な「対策」をとっていたことを紹介しましたが、どんなに神さまに祈っても、やはり嵐に遭う時は遭ってしまいます。そんな時、彼らはいったいどうしたのでしょうか。

その対応とは……やはり「神頼み」です。船が遭難した場合、船中の人々は航海安全の神に対して、ひたすら助けてくれるよう祈っていました。運天按司朝英《うんてんあじちようえい》の遭難の事例を見てみましょう。

1819年、彼は鹿児島へ向かう途中、硫黄鳥島近くで暴風雨に遭ってしまいます。嵐のなか、朝英たちはまず船が沈没しないよう積み荷を捨て、全員が髪をバッサリ切って、ひたすら天に祈ります。遭難時に髪を切るという行為は東アジアで広く行われていた慣習だったようです。しかし嵐はやみません。

そこで次は聞得《きこえ》大君《おおぎみ》へ祈りをささげ、「無事帰れたら首里城の龍樋《りゅうひ》の水を献上します」と誓いを立てます。しかし無情にも暴風は吹き続けます。

朝英はさらに普天間権現へ祈りをささげ、「無事帰れたら7日間参拝して感謝します。だから助けて」と約束しました。

ところが、それでも嵐はやまず、それどころか風雨は激しさを増し、とうとう船を転覆させないためにマストを折ってしまいます。もはや船のコントロールはききません。船は漂流し、飲料水もほとんど尽きてしまいます。

朝英、今度は弁財天に祈りはじめます。それでも足りないと思ったのか、さらには天尊《てんそん》（中国道教の神）を出してきて、「無事帰れたら焼香に行きますので、どうかお助け……」と必死で祈ります。

ようやく朝英の祈りが神に通じたのでしょうか、その後天気は回復し、結局与那国島に漂着して助け出され、沖縄本島に戻ることができました。鹿児島へ向かうはずが、流れ流れて与那国まで行ってしまったのです。

注目されるのが聞得大君への祈りと「首里城龍樋《りゅうひ》の水を献上する」という約束です。聞得大君は琉球世界の祭祀《さいし》をつかさどる、神女（ノロ）の頂点に立つ存在でした。琉球の神々に王国の平和や五穀豊穣《ほうじょう》を祈ったほか、航海安全も祈願していました。聞得大君は祭祀の主宰者としてだけではなく、「航海安全の守護神」そのものとしても考えられていました。首里城の龍樋とは、瑞泉《ずいせん》門近くから湧き出る泉のことです。聞得大君に「遭難救助」の感謝を表わす際には、龍樋の水を聞得大君御殿《うどぅん》まで持って行って献上するのが慣例になっていたようです。

実は、この龍樋の水献上の儀式はマニュアル化されていて、聞得大君に祈って助かった遭難者は、それにのっとってスムーズに（きわめて事務的に？）儀式をとり行いました。マニュアル化されているということは、それだけ遭難者が続出し、多くの者が聞得大君のもとを訪れていたということを意味します。

首里城の龍樋

聞得大君に龍樋の水を献上しに来たのは琉球人だけではありませんでした。薩摩と琉球を行き来する薩摩船の船頭も訪れていました。彼らもまた遭難時に琉球の「航海神」である聞得大君に助けを乞《こ》い、助かった者たちでした。生き死にの際《きわ》には、あれはどこの神さまだとか、何宗派だとか細かいことは言っていられなかったわけです。

中国化する琉球

琉球というと、中国の影響が強くあって、昔は中国風の文化だったのが、近世（江戸時代）に薩摩藩に征服されてから次第にヤマト（日本）化していったと考える方も多いと思います。しかし、事実は全く逆。琉球は薩摩に征服された後に「中国化」していくのです。

もちろん琉球は中国（明・清）の朝貢国だったので、中国の影響が全く無かったわけではありません。しかし近世の琉球は中国文化をとくに積極的に取り入れていきます。

例えば首里城で行われる儀式。近世以前の王府儀礼は中国の拝礼様式を参考にしつつも、何とヤマトの陰陽道《おんみょうどう》の方式が取り入れられていました。王府の重要な儀礼のひとつである元日の天を拝む儀礼では、年ごとに縁起のいい方角に向かって王や官人が拝んでいましたが、これは「歳徳神《としとくじん》（恵方《えほう》）」の信仰にもとづくものです。この信仰は節分に食べる恵方巻き（まるかぶり）を思い浮かべていただければわかりやすいと思います。

しかし、この恵方を拝む古琉球伝統の風習は1719年に廃止され、北方の方角（中国皇帝のいる北京の紫禁城）を拝むという方法に変更され、より中国的な形式が強調されます。

琉球の天を拝む儀式はヤマトの信仰に影響されつつも、王を〝太陽《テダ》〟や〝天〟と一体と見る古琉球の伝統的な考えをもとにしていましたが、本来、天を拝む儀式は中国皇帝（天子）だけに許されたものでした。近世になり中国的な考えが意識されだすと、「これはけしからん」という批判が出てきます。そこで王府は、この儀礼は中国皇帝の方向を拝むためだと何とか理由づけして、中国風に変更して続けていくのです。

さらに近世の琉球社会では、中国の儒教をもとにした価値観が広まっていきます。それ以前の儒教は中国系の久米村など一部で受け入れられていたにすぎませんでした。ところが、琉球王府は儒教イデオロギーを国家的な思想として採用していきます。

久米村によって主宰されていた孔子廟《こうしびょう》の祭礼は、やがて国家的祭礼に引き上げられ、歴代王に対する祭祀も久米村の意見を聞いて、可能なかぎり中国式の祭祀方法に変更します。国家の教育も儒教をもとに行われるようになり、庶民には儒教倫理のテキスト「御教条《ごきょうじょう》」を読み聞かせていきます。さらに中国の風水思想も導入され、亀甲墓《かめこうばか》・シーサー・石敢当《いしがんとう》・ヒンプンなどが次々と琉球に定着します。こうした文化が琉球全体に普及したのはこの時期です。

琉球の「中国化」はこれだけではありませんでした。何と、琉球近海を航行する船も「中国化」します。意外に思うかもしれませんが、かつて琉球の一般的な船は中国のジャンク船ではなく、和船タイプの船でした。ジャンク型の進貢船はむしろ例外的なものだったのです。18世紀になると、琉球の船は王府の指導によって「マーラン(馬艦)船」と呼ばれるジャンク船タイプにモデルチェンジされます。マーラン船は安価で頑丈な造りの高性能船だったので、またたく間に広まっていくのです。

では、なぜヤマトの支配下に入ったはずの琉球で、中国的志向が強められていったのでしょうか。ひとつは羽地朝秀《はねじちょうしゅう》から蔡温《さいおん》の時代にかけて行われた琉球の構造改革が影響していると考えられます。古い時代に代わる新しい価値として、儒教に代表される中国的なものが重視されたのではないでしょうか。また、中国・清朝が次第に琉球の朝貢貿易を縮小させようとしたことにも原因があるとみられます。琉球はこうした清朝の動きに対し、「中華」に忠実に従う「優等生」ぶりをアピールすることで、従来の関係を維持しようと考えたのです。中国との関係をこれまで通り維持することは、貿易活動のみならず、中国皇帝の権威によって王が国内での求心力を得るために絶対必要でした。

それともうひとつ。近世の琉球はヤマトの幕藩制国家に従属した存在となって様々な政治的規制を受け、また経済面においてはヤマトとの一体化が進行していました。琉球はヤマトに完全に呑《の》み込まれないように、中国を拠《よ》りどころにして新たな琉球のアイデンティティを確立しようとしたと考えられるのです。日中両国の間で絶妙のバランスをとって「琉球」という主体を存続させようとした戦略をそこに見ることができるのではないでしょうか。

首里城の時代

なんでも3つ

古琉球時代の沖縄では、何でも3つに分けることが好まれていたようです。例えば琉球国政の最高執行責任者は「三司官《さんしかん》」といいますが、これは3人の大臣です。琉球語では「世《よ》あすたべ」と称し、「国政を担当する長老たち」を意味します。琉球は3人の集団指導体制だったわけです。

琉球王府の行政組織も3つに分けられていました。それぞれの行政グループは「番《ばん》」と呼ばれ、この3つの番が交替で3日を単位に出勤するしくみになっていました。例えばある番に所属している役人は、自分の担当の日に首里城へ出勤して終日勤務（番日《ばんび》）、次の日は半日勤務（番半《ばんなか》）で、次の日はお休み。これを繰り返します。3日のうち1日半働くだけでいいなんて、何ともうらやましい話ですね（古琉球の政治組織については「地上に浮かぶ海の船」102頁参照）。

琉球王国の都である首里を中心とした地域も真和志間切《まわしまぎり》、西原《にしはら》間切、南風原《はえばる》間切、と3分割されていました。近世にはとくに首里城近辺の3地域を「三平等《みひら》」と呼ぶようになっていきます。

琉球の公的な祭祀《さいし》・儀礼をつかさどる神女（ノロ）組織も3分割されていました。トップの「聞得大君」の下には「三平等の大あむしられ」と呼ばれる3人の高級神女がいて、その3人のノロの下に各地のノロが所属していました。

田畑から収穫された穀物も3分割されていたようです。近世（江戸時代）では土地で収穫された米などを、国王への年貢、その土地の領主（地頭）への年貢、残りをその土地を耕していた農民、というふうに配分していました。この3配分の方法は古琉球にさかのぼると言われています。

そういえば琉球王家の紋も「左三つ巴（ヒジャイグムン）」でしたね。3つの巴《ともえ》。これは一体、何を意味しているのでしょうか。

尚家紋

こうして見ると、古琉球では物事を3つに分けることを志向していたことがわかります。なぜ様々なものを3分割したのか。この謎について明確な答えは出されていませんが、古琉球人の観念に物事を3つに分ける考えが根付いていたことは間違いない事実でしょう。

地上に浮かぶ海の船

琉球の行政組織や役職・位階名はあまりなじみのない名前ばかりです。沖縄の歴史に興味のある方なら三司官や親雲上《ぺーちん》、筑登之《ちくどぅん》などの名前を聞いたことがあると思いますが、政治組織の内実はなかなか知られていないと思います。古琉球の行政組織のおもしろい仕組みについて紹介したいと思います。

その特徴は、行政組織が船の組織をモデルにしていたことです。

王府の役人は基本的に12のチームに編成されていました。このチームの名前は「ヒキ」と呼ばれています。「ヒキ」は、〝血縁・祭祀の集団、組織〟といった意味があります。

このチームのリーダーは「船頭」といい、副リーダーを「筑殿《ちくどの》」といいます。ちなみに日本の地方では「チク（チグ）」という、船頭の助手にあたる船乗り役があるそうです。「筑殿」も船に関わる役職名でしょう。12のチームはさらに3つのグループ

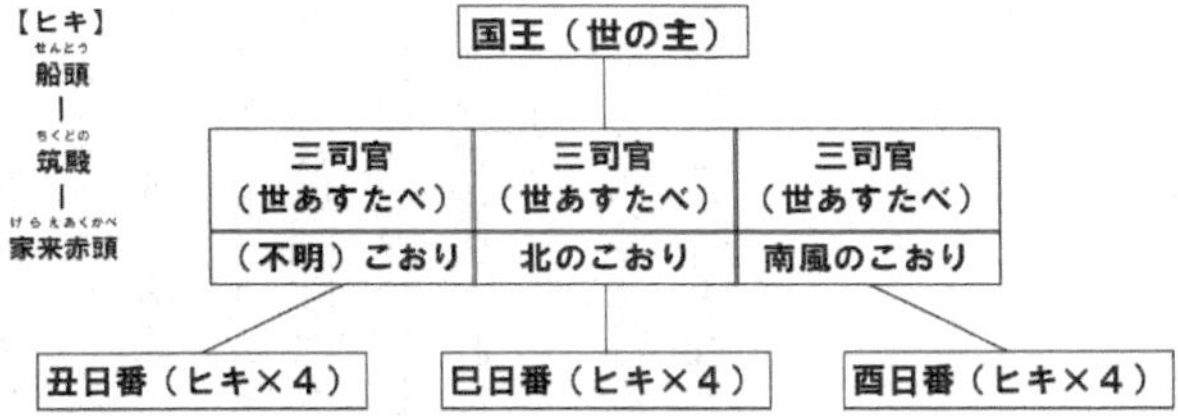

古琉球の行政組織

（番）にまとめられていて、各グループのボスが琉球の3人制の大臣である「三司官（世あすたべ）」でした。三司官はもともと3つのグループをまとめる長だったのです。なぜ組織のリーダーが「船頭」と呼ばれているのでしょうか。

それはこのチームが普段は首里城などで行政の業務をしながら、順番がまわってくるとチームごとに専用の貿易船に乗りこみ、そのまま船員となったからです。この船員のチームは戦争の時にはそのまま軍隊の一部隊にもなりました。

よく琉球には日本の武士のような軍事組織がなかったとカン違いされていますが、カン違いの理由は「ヒキ」と呼ばれる組織が行政・貿易・軍事の業務を代わる代わる行っていて、その存在がわかりにくいからでしょう（それに琉球が武器廃止令を出したというのは誤り。「武器のない国琉球？（1）」70頁を参照）。

つまり古琉球の役人は、ある時は行政マン、ある時は船乗り、ある時は兵士と1人3役をこなしていたわけです。とくに琉球の政治組織が「船」をモデルにつくられていたことは、琉球という国が航海と密接に結びついていたことを表わしています。社会のあり方がそのまま政治組織のあり方につながる例は、たとえば中国・清（満洲）の八旗制度にもみられます。

内陸アジアの遊牧国家を発祥とした清は、まき狩りの組織をモデルとした8つのグループに編成された組織（八旗《はっき》）を持っていました。この組織は軍事組織であるとともに行政の組織で、満洲族の基本的な社会組織でもありました。

清は草原を駆ける狩りの組織が、琉球は海原を駆ける船の組織が、それぞれ国家の編成のモデルとなったわけです。

ヤマト坊主は外交官

次頁の写真は那覇市首里の天王寺《てんのうじ》跡。対面には首里公民館が立っています。天王寺は円覚寺・天界寺と並ぶ琉球三大寺のひとつで、第二尚氏初代の尚円王の時代に創建されたといわれます。もとは尚円が王位につく前に住んでいた邸宅で、尚真王の生誕地であったとも伝えられます。天王寺は臨済宗《りんざいしゅう》の寺だったのですが、現在はキリスト教会となっています。

天王寺入口の裏側にまわると、グスクのような石垣がそびえ立っています。これだけの良好な保存状態の石垣は首里でもなかなかお目にかかれません。本来なら文化財に指定されてもおかしくない歴史的価値のある遺跡ですが、今ではここがどんな場所か知る人も少なく、ひっそりと存在しています。

古琉球の時代には、天王寺をはじめとした禅宗寺院が非常に重要な役割を果たしました。皆さんはお寺というと、お経をあげて心の平安を得たり、死者の成仏を祈るための宗教的な施設だと思う方が多いでしょう。もちろんそれは間違いではありませんが、500年前のヤマトや琉球のお寺は今でいう外務省と大学を兼ね備えたような施設だったのです。

琉球天王寺の住持《じゅうじ》であった檀渓《だんけい》和尚を紹介しましょう。

彼は薩摩（鹿児島県）の出身で、禅宗寺院最高格であった京都南禅寺《なんぜんじ》の派に属していました。日本史を勉強した方は1523年の寧波の乱（中国に派遣された細川氏と大内氏の使節が寧波で争乱を起こした事件）をご存じかと思いますが、この乱で国交断

琉球天王寺跡

絶した日本と明朝の関係改善を仲介したのが、この檀渓和尚だったのです。
明朝は琉球を仲介して、事件を起こした犯人の引渡しと拉致《らち》された明の役人の送還を日本に要求します。そこで琉球王府は檀渓和尚に命じ、明朝皇帝の書簡をたずさえ京都の室町将軍のもとへ交渉に向かわせたのです。僧として高い知識と教養を備え、またヤマト出身でもあった檀渓は、対日本外交の使者として適任でした。

交渉はうまく運び、将軍の足利義晴《あしかがよしはる》は明朝との国交回復を約束して、書簡を檀渓に預けて明に転送するよう頼みます。また義晴は檀渓に南禅寺の名誉住持職も与えてその労をねぎらいました。檀渓は琉球国王の臣下であるとともに、国境を超えたヤマト禅宗ネットワークの傘下にも入っていました。彼はヤマトとのパイプを持った立場を利用して外交を展開できたわけです。

15世紀の尚泰久《しょうたいきゅう》王の時代、琉球には数多くの寺院が建立されますが、これは王が単に世の平安を祈る信仰心から建てたのではなく、外交官としての僧侶の受け入れ施設をつくるためであったと考える説があります。琉球のお坊さんに対する見方がちょっと変わるような話です。

琉球はどんな文字を使ってた?

　薩摩に征服される以前の古琉球時代の琉球王国は、文書にどのような様式のものを使っていたのでしょうか。おそらく多くの人は、琉球王国が中国・明朝の朝貢国であったことから、中国風の漢文を使っていたのではないかと考えていると思います。しかし、国内の文書に漢文はほとんど使われていません。では琉球独自の文字があった? いいえ。実は、琉球国内で広く一般的に使われていたのは日本の「ひらがな」でした。

　国王から家臣に出された任命(辞令)書は全て「ひらがな」の草書体で書かれ、中世日本で使われていた「候文《そうろうぶん》」という書き方と同じです。候文とは、文章の最後を「~です。」とするのではなく「~候。」と書く文体のことです。

　もちろん琉球から明朝に送る外交文書には全て漢文が使われています。しかし、これは琉球自身が漢文で書くことを選んだのではなくて、当時、明朝に外交の使者を送るには、明朝で使われている公文書の様式にのっとった外交文書を書かなくてはならなかったからです。これに違反した場合は、門前払いされてしまいます。だから日本も朝鮮も東南アジアも、明朝に出す外交文書は琉球と同じように漢文です。琉球だけが漢文を使っているということではありません。

古琉球時代につくられた石碑にも「ひらがな」が使われています。例えば、1522年に建てられた「真《ま》珠湊《だまみなと》の碑文」と呼ばれる石碑には「ひらがな」が書かれています。文の末尾に書かれているのは三司《さんし》官《かん》（三人の世あすたべ）の名前です。「まかねたる、くにかミの大やくもい」「まうしかね、かうちの大やくもい、たるかねもい、たくしの大やくもい」と書かれています。これは国頭親方、幸地《こうち》親方、沢岻《たくし》親方のことです。当時はこのように呼んでいました。

このような事実から、「琉球は日本と同じなんだ」という考えが出てくるかもしれません。しかし、実はそうではありません。結論は、「琉球と日本は同

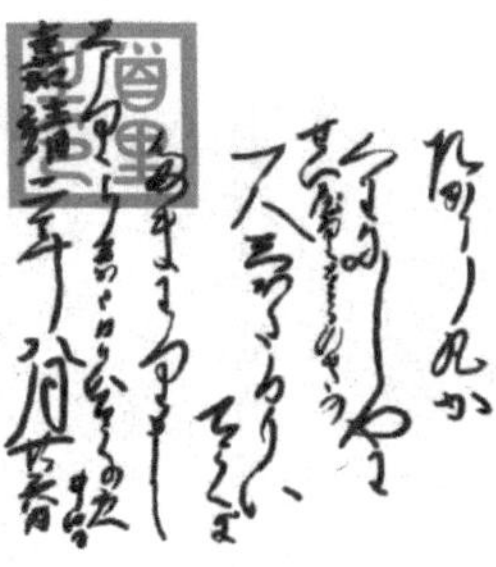

古琉球辞令書

「真珠湊の碑文」復元図（首里城復元期成会 2006）

じではない」のです。なぜ!?　いぶかしく思うかもしれませんが、その理由を説明しましょう。

まず、中世の日本は公文書で「ひらがな」を使いません。当時の主な公文書に使われていたのは、「和様《わよう》漢文」という日本風に書かれた漢文。「ひらがな」は「女文字」とも呼ばれ、主にプライベートな文書に使われました。日本ではプライベートで使われる文字を、琉球では国家の公的文書に採用してしまうのです。これは日本とは全くちがうものです。さらに、琉球の公文書は「ひらがな」で書かれながら、年号に必ず中国年号を使用しています。これは琉球王国が明朝の朝貢国だったからなのですが、日本では国内文書に中国年号を使うことは絶対にありません。また琉球では「ひらがな」を使いながら、日本にはない琉球独特の言葉や表現を使っています。「ひらがな」を知っているだけでは、琉球の文章は、文字そのものは読めても意味はわからないのです。

このように、琉球で日本の「ひらがな」を使っているから「琉球と日本は同じだ」、という結論にはならないことがわかります。それは日本で中国伝来の漢字を使っているから「日本と中国は同じだ」ということにならないのと同じことです。琉球は外から入ってきた文化を取り入れて、自らのものにしてしまった、ということなのですね。

「万国津梁の鐘」の真実

万国津梁《ばんこくしんりょう》の鐘―琉球王国の交易立国を高らかに宣言した、この鐘に刻まれた文はよく知られています。沖縄県庁の知事公室にもこの文を写した屏風《びょうぶ》が置かれ、2000年の沖縄サミット会場も「万国津梁館」と名づけられるなど、海外に雄飛する沖縄の象徴として現代でも使われる名文句です。鐘はもともと首里城の正殿に掛けられていたといいます。

琉球国は南海の勝地《しょうち》にして、三韓《さんかん》の秀《しゅう》をあつめ、大明《だいみん》をもって輔車《ほしゃ》となし、日《にち》域《いき》をもって唇歯《しんし》となす。この二中間にありて湧出《ゆうしゅつ》せる蓬莱《ほうらい》の島なり。舟楫《しゅうしゅう》をもって万国の津梁となし、異《い》産至《さんし》宝《ほう》は十方刹《じっぽうさつ》に充満せり

意味：琉球国は南海の景勝の地にあって、朝鮮のすぐれたところを集め、

中国と日本とは非常に親密な関係にある。この日中の間にあって湧き出る理想の島である。船をもって万国の架け橋となり、珍しい宝はいたるところに満ちている。

ここまでは有名な文です。琉球王国の性格をよく表現した文章だと思います。しかし、万国津梁の鐘に刻まれた文はこれで終わりではありません。実は、上にあげた文句は全体の4分の1にも満たない量なのです。万国津梁うんぬん～はあくまでも前フリにすぎません。つまり、この鐘が記している本当に言いたいことのたった一部しか表わしていないのです。

万国津梁の鐘

では残りの文章はどのようなことが書かれているのでしょうか。非常に難解な漢文で書かれているので、わかりやすくおおざっぱに要約すると、「……偉大な尚泰久王は仏法を盛んにして仏のめぐみに報いるため、この鐘を首里城の正殿前にかけた。法を定め世の人々を救い、王統の長い治世を祝う。相国寺《しょうこくじ》の渓隠《けいいん》和尚に命じて鐘に刻む文を作らせた。……（以下、仏教用語を使って、尚泰久王が民を救い平和な世の中にするという内容……）」という感じです。つまり、この鐘は海外交易の繁栄をうたったというよりも、「琉球が尚泰久王のもとで仏教を盛んにして平和になった」ということを伝えたものなのです。

文の作成者は相国寺の渓隠《けいいん》和尚。鐘を製造したのはヤマトの鋳物職人、藤原国善《ふじわらのくによし》です。

当時、琉球は仏教を保護し、ヤマトの禅僧たちがさかんに来航して多くの寺院が建てられていました（「ヤマト坊主は外交官」１０５頁を参照）。渓隠和尚はヤマト禅宗の影響下にあった琉球寺院の禅僧で、また藤原国善は北九州出身の鋳物職人と考えられています。鐘の文章はヤマトの仏教思想を持つ人間によって作成され、鐘はヤマトの職人によって製造されたものなのです（もちろん尚泰久王の考えに沿うものであったことは間違いないですが）。

首里城のモデルはお寺？

琉球王国の中心であった首里城は世界遺産にも認定され、また沖縄の観光スポットとして有名です。本土のような天守閣はなく、むしろ中国の宮殿を思わせる独特の建築様式をしていますが、この一風変わった城にはいくつかの謎が存在しています。数回に分けて首里城の謎にせまっていきましょう。

現在、首里城の広福門《こうふくもん》前には、琉球の貿易立国の理念をうたった「万国津梁の鐘（１４５８年製造）」のレプリカが掛けられています。この鐘、もともとは首里城の正殿に掛けられていました。鐘は日本のお寺にある梵鐘《ぼんしょう》とまったく同じ形をしています。なぜ王の住む城《ぐすく》にお寺の梵鐘が掛けられていたのでしょうか。実は首里城の成り立ちには、お寺が深く関与しているのではないかと考えられるのです。

首里城の鐘と同じような例は、越来《ごえく》城の鐘（１４５７年）や大里城の雲板《うんばん》（１４５８年）などがあります。雲板は禅宗の寺院で使われる金属製のドラのようなものです。

15世紀頃（室町時代頃）の琉球のグスクには、やはりお寺の影響が見られます。

さらに首里城正殿の1階部分は下庫理《しちゃぐい》、2階部分は大庫理《うふぐい》と呼ばれていました。庫理《くり》（庫裡）とは寺院のある建物を表す言葉です。そして正殿の2階にある、王の玉座と言われる場所（御差床《うさすか》）を見てみると、寺院で仏像を安置する須弥壇《しゅみだん》と言われる台に非常に似ていることがわかります。

そもそもこの場所は本当に王の玉座だったのか不明なのですが、正殿の中心部に寺院の須弥壇に似ている台が設置されている事実からも、首里城での寺院の影響は無視できないほど大きいものであることが理解できると思います。

実は、どのような形で首里城に寺院の様式が取り入れられたのか、詳しいことはまだわかっていません。ただ、その謎を解くヒントはあります。15世紀頃から、日本本土から禅宗の僧侶《そうりょ》がさかんに琉球に渡来していた事実があります。彼らは琉球国王のサポートのもとに寺院をつくり、琉球で禅宗を広めていたことがわかっています。当時の国王も仏教を信仰していて、そのなかで首里城をはじめとしたグスクにも寺院の様式が取り入れられたのではないかと推測されます。沖縄のグスクは、単なる城とはちがう、様々な要素を持っていたことがわかります。

首里城正殿前の道はなぜ曲がってる?

首里城正殿の前の広場は御庭《うなー》と呼ばれ、王国時代にはここで国王の即位式など様々な儀式が行われました。真ん中には浮道《うきみち》と言われる道が、御庭への入口である奉神門《ほうしんもん》に続いています。首里城の観光に行った方はお気づきかもしれませんが、この浮道は正殿からまっすぐ伸びていないのです。正殿の正面に立ってみると、道が曲がっているのがはっきりわかります。御庭全体も見てみるときれいな正方形ではなく、いびつな台形です。どうしてこのような形になっているのでしょうか。

この謎に対する明確な答えは、今のところ出されていません。せまい地形の関係上そうなったという考えもありますが、発掘調査では以前の御庭は正方形だったらしいですから、わざわざ変形して浮道も曲げたことがわかります。

ここで正殿前に立って浮道のほうを見てみると、その先の奉神門から石垣で囲われた木々が見えます。それが首里森御嶽《すいむいうたき》と呼ばれる聖なる場所です。

首里城正殿と御庭

この場所は琉球の神話で天上の神が最初に降りた聖地であるとされ、正殿ができる以前に存在したと考えられます。つまり首里城が建てられてからこの聖地をつくったのではなく、もともとある聖地の周りに首里城を建てたわけです。正殿の正面からまっすぐ道をつくると聖なる場所は見えません。そこで聖地に向けて道を伸ばして、王のいる正殿から首里森御嶽への通り道にしたのではないかと考えられます。ちなみに浮道は、国王や中国の使者しか通ることのできない神聖な道でした。その他、御庭がいびつな台形なのは風水の関係から建物の方角を変えたためとする説も出されています。近世（江戸時代）、首里城の御庭で行われる儀式で真北が重視されるようになっ

首里森御嶽

たため、浮道を東西の軸に合わせたという意見もあります。

いずれにせよ、沖縄のグスクはもともと聖地だったものから発展していって、その周りに石垣をつくっていったものが多くみられます。首里城もそのような形であったことが正殿と首里森御嶽との関係からうかがえます。

死者の王宮—玉陵に秘められた謎

琉球国王の一族を葬った墓所は玉陵《たまうどうん》（玉御殿）という場所で、現在世界遺産にも登録されています。守礼門を那覇市街側に下って首里高校の対面に位置します。実はこの玉陵、首里城の歴史を知る上で重要な情報が秘められているのです。

玉陵の創建は１５０１年。琉球王国最盛期といわれた尚真《しょうしん》王の時代に造られました。玉陵の最初の石門をくぐると、左側に古い碑文が立っています。この碑文には玉陵に死後葬られるべき人々の名前が記されていて、尚真王をはじめ母のオギヤカ、尚清《しょうせい》王などの名前があげられています。浦添尚家の尚維衡《しょういこう》は尚真王の長男なのですが、碑文中には記されていません。つまり玉陵は基本的に首里尚家一族の墓所なのです。

尚維衡を排除した碑文の規定には、尚真王の母であったオギヤカの意志が強く働いていると見られます。この碑文の最後には「千年、一万年もこの規定を守り、もし背く人がいれば、天に仰ぎ地に伏して祟《たた》るべし」と書かれています。まるでオギヤカの呪いが込められているようです。

ところが、除外された尚維衡の遺骨は浦添ようどれに葬られた後、彼の弟である尚清王によってこの玉陵に移されます。一万年も守るべき約束で背けば祟られると書いてあるにも関わらず、王様が真っ先に約束を破ってしまったわけです。

玉陵は石灰岩で造られていますが、その形を見てみると、板葺きの屋根、基壇の上に取り付けられた砂岩の欄干・正面の階段があり、ある建物をモデルにして造られていることがわかります。

その建物とは首里城の正殿ではないかと考えられます。つまり王族の眠る墓所を、生前に住んでいた首里城正殿そっくりに模したのではないでしょうか。

現在の首里城は18世紀（江戸時代頃）に建てられた建物を復元したものです。それ以前の首里城の建物は全く別の姿をしていました。まず赤瓦になった

玉陵の碑文

のは18世紀頃で、それ以前は黒色の瓦でした。さらに1671年以前は瓦ではなく板葺きだったことがわかっています。

玉陵は時代ごとに何度か改修された可能性もありますが、造られた1501年当時の首里城正殿の姿をある程度反映していると見て間違いないでしょう。玉陵からは尚真王時代の首里城正殿をうかがうことができるのです。それはまさに「死者の王宮」というべきものだったのではないでしょうか。

玉　陵

続・死者の王宮

玉陵の欄干には龍や鳳凰《ほうおう》など中国の想像上の動物が彫刻されています。龍は王権のシンボルとされ、首里城の装飾などに多く見られますが、実は琉球が薩摩の島津氏に征服される以前は、鳳凰が王のシンボルとして日輪とともに使われていたようです。古琉球の歌謡集『おもろさうし』には「べにのとり（紅の鳥）」という呼び名で登場します。

古琉球時代のものとみられる、神女（ノロ）が儀式で使う扇、漆器にも鳳凰と日輪が描かれています。古琉球時代に造られた石碑には、日輪を中心に鳳凰が2匹と瑞雲《ずいうん》（めでたい雲）が描かれています。

この形式は琉球独特の文様で、尚真王の時代からさかんに使われるようになりますが、島津氏によって琉球が征服された後には、石碑中に鳳凰は全く描かれなくなってしまいます。この変化は島津氏の征服によって王権が失墜してしまったことを示しているのでしょうか。

鳳凰の描かれている玉陵は、近世以前の琉球の古い形式を残すものであると考えられます。玉陵のモデルとなったとみられる尚真王時代の首里城正殿にも、龍のほか鳳凰が装飾として使われていたことでしょう。そして玉陵にはひとつ、気になる装飾がありました。それが地蔵菩薩《ぼさつ》の彫刻です。この彫刻は浦添ようどれにある、英祖王を

欄干の鳳凰

日輪を中心に鳳凰が2匹と瑞雲

葬ったとされる石棺の彫刻と非常によく似ています。浦添ようどれと玉陵をつくるコンセプトに、ある連続性・共通性があったことをうかがわせます。

沖縄は仏教の影響をほとんど受けなかったという考えがありますが、それは全くの誤解です。むしろ琉球王国は「仏教王国」といえるほど仏教が盛んだった時代があったのです（「ヤマト坊主は外交官」１０５頁を参照）。玉陵はその時代の名残りをいまに伝える遺跡といえるでしょう。

ノロ

琉球の構造改革―羽地朝秀の闘い（1）

私たちがイメージする琉球の伝統とはいつ頃から成立したものなのでしょうか。多くの人は、アジア世界に雄飛していた大交易時代の琉球（古琉球時代）を思い浮かべることでしょう。しかし、その時代を調べていくと、どうも私たちがイメージする「琉球的」なものとは一致しない場合があります。

実は、現在見ることのできる「琉球的」な文化・伝統は、薩摩に支配された近世において、それまでの伝統や社会制度を破壊する大改革の結果に出来上がったものなのです。

大改革はまず、17世紀の羽地《はねじ》按司《あじ》朝秀《ちょうしゅう》（唐名は向象賢《しょうしょうけん》）によって着手されました。なぜこの時代に、それまでの琉球社会を大転換するような改革が行われたのでしょう。

１６０９年、琉球は薩摩軍に敗北します。薩摩は王国体制をつぶすことはなく、かなりの程度まで自治を認めましたが、様々な局面で政治への介入を強めてきました。

これに対し王府は表向き服従しながらも、非協力的な対応をすることで抵抗を続けていましたが、その抵抗とはうらはらに、敗戦のショックから琉球の人々はやる気を失い、社会全体に無気力・退廃的な気分が広がっていました。役人は女色におぼれ、遊女に行政をまかせてしまう地方役人すらいたほどです。役人は農民から不法な税徴収や強制労働を行い、ワイロも横行していたので、庶民たちは農業をいやがって都市部に逃亡し、耕作者が減って農村は疲弊していました。

大交易時代の栄光は去り、それまでの「交易型」の国家運営もできなくなっていました。借金は年々増加して財政は極度に悪化、国の中心であるはずの首里城が火災で焼失しても、再建できないほどの財政状況でした。そして追いうちをかけたのが対外情勢です。1644年、「中華」である超大国の明朝が滅亡し、「夷狄《いてき》（野蛮人）」と考えられていた満州族（清《しん》）が政権をにぎるという驚くべき事件が起こります。明清の内乱で一時的に中国への朝貢貿易もできなくなり、事態は混迷の度を深めていました。このように、それまでの価値観は崩れつつあり、琉球の誰もが明日のビジョンを描けずにいたのです。

このままでは琉球は内部から崩壊してしまう。羽地朝秀は危機感を抱いたにちがいありません。

琉球の構造改革―羽地朝秀の闘い（2）

1666年、羽地は国政の最高ポストである摂政《せっせい》（琉球語で「お世《よ》おわつかい」という）につくと、強力なリーダーシップのもとに琉球の構造改革に着手しました。しかし、いつの時代でも新しい試みにはそれまでのやり方を守ろうとする者からの反対があるようです。羽地の改革も旧来の方法を守ろうとする抵抗勢力の激しい反対のなかですすめられました。

羽地朝秀のとった改革の方法は、薩摩支配下の現状をひとまず肯定し、そのなかで琉球の主体性を確保しつつ、従来の王国内部のシステムを大改変するものでした。薩摩藩や日本の幕藩制国家は圧倒的な軍事力を持っており、小国の琉球が同じ軍事力でその支配をくつがえすことはどう考えても不可能でした。頼るべき宗主国の明朝はすでになく、新王朝の清朝に軍事的支援を求めることもしませんでした。わずかな可能性に賭《か》けて琉球を再び戦乱に巻きこむことは、為政者としてできなかったのでしょう

(実際、幕府は琉球が清朝と組んで反乱を起こすことを恐れていました)。

　当時の琉球にとってもっとも深刻だった問題は、王国の社会システムが機能不全を起こしていることでした。羽地はこの問題の解決に全力をそそぎ、旧来の王国（古琉球）の「伝統」を徹底的に批判して、その変革を進めたのです。古琉球の社会は政治と古来の祭祀《さいし》が結びつき、〝非合理的〟な伝統で物事が進められる社会でした。王府では聞得大君《きこえおおぎみ》をはじめとした神女（ノロ）組織が大きな勢力を持ち、はんざつな祭祀、面倒な贈答や虚礼が日常的に横行し、政治に支障をきたしていました。またそれまでの「交易型」の政治組織も、時代に合わなくなっていました。

　このため、まず行われたのは王府組織の再編と人々の意識改革でした。航海組織をモデルにした古琉球の「ヒキ」制度を解体し、あいまいだった身分制を厳格化していきます。王府の主導によって編集した系図をもとに、系図を持つ者が「士族」、持たない者を「百姓」として区別します。それまで王府と個人的に主従関係を結んでいた家臣は、系図によって身分を継承していく「家」をもとに王府に仕えるようになりました。現在みられる「門中《もんちゅう》」はこの時に生まれたものです。

　身分制の整備にともなって、士族は「文官」のエリート層として、学問だけでなく音楽や芸能などの教養を身につけることが重視されていきます。これはただ趣味として習得を求められたのではなく、日本と中国への外交儀礼上、必要なものでした。沖縄の「伝統」芸能は、この時に基礎がつくられました。

また羽地は、王府組織のなかから「神がかった」祭祀組織や慣習を排除し、合理的・効率的な行政組織の確立をめざしました。首里城の神女組織を政治から遠ざけ、神女の給与も大幅に削減し、非合理的な祭礼も廃止していきます。とくに国家最高の儀礼であった国王の久《く》高島《だかじま》参詣《さんけい》を廃止し、代理を派遣するように改変したのは有名です。これはたとえて言えば、日本の大嘗祭《だいじょうさい》を天皇自らが行わず、宮内庁職員に代行させるぐらいの「伝統」の破壊だといえるでしょう。この時に羽地が国王参詣廃止の論理として出したのが「日琉同祖論」です（同祖論については「東郷平八郎と為朝伝説（2）」191頁を参照）。

このような祭礼は多くの経費もかかるため、簡素化・廃止するのは王府の財政再建のためにも必要な作業でした。さらに王府の儀礼だけでなく、村々で行われていた虚礼も次々に禁止していきます。

旧来の価値観であった古琉球の「神がかり」的な観念のかわりに、新たな価値観として登場したのが儒教です。当初、儒教は久米村など一部で受け入れられていたにすぎませんでしたが、羽地の改革以降、琉球社会全体に普及していくことになります。

琉球の構造改革―羽地朝秀の闘い（3）

王府組織の改変とともに行われたのは経済・財政改革でした。荒廃した農村を立て直すため、羽地は役人の綱紀粛正と公平な税の徴収を行う方針をうち出します。役人の利権構造にメスを入れ、彼らが不法に税を取り立てたり、農民を使役しないようにチェック体制を強化し、あわせて農民の負担も軽減しました。

さらに経済改革の柱としてあげられるのが、日本の石高《こくだか》制の導入と連動した土地開墾策です（仕明《しあけ》政策）。それまでの琉球は「地割《じわり》」制と呼ばれた土地の共同保有制度をとっていました。これは農民の間で〝格差社会〟を生まないための工夫でしたが、羽地はこの方針を大転換し、各人が自ら開墾した土地の私有と自由な売買を認めたのです。これにより士族たちも開墾に乗り出し、土地開発ブームが起こって農地は拡大し、収穫も増加していきます。

さらに開発した土地には稲のほか、サトウキビとウコン（ウッチン）が栽培され、とくに砂糖は、かつて儀間真常がもたらした新製糖法によって、やがて琉球の基幹産業にまで成長します。生産された黒砂糖やウコンは王府によって買い上げられる専売制となり、日本の大坂市場などで売却され、ばく大な利益を生み出しました。現在見られる沖縄のサトウキビ畑の風景、健康食品として知られる沖縄特産のウコンは、ここに源流があります。羽地の経済改革は琉球を「交易型」から「農業型」の国家経営に転換するきっかけとなったのです（しかし、それでも日本と同水準の農業社会にするには無理がありましたが）。

　こうして羽地の構造改革は一定の成果をおさめ、国の借金も返済して経済状況も回復します。しかし、旧来の価値観をぶち壊す彼のやり方に不満を持つ「抵抗勢力」も数多く存在していました。その筆頭は国頭《くにがみ》按司《あじ》正則《せいそく》です。羽地自身の言によると国頭は「邪欲の人」で、羽地の失脚を薩摩や琉球で画策していたようです。国頭は、羽地によって排除された聞得《きこえ》大君《おおぎみ》の夫で、旧勢力の代表ともいえる存在でした。羽地は既得権益を守ろうとする抵抗勢力に対して、彼らの領地を分割して力を削《そ》いでいます。

　羽地は「私の理解者は琉球には誰もいない。〝北方〟に一人いるだけだ」となげいています。実際には羽地路線を継ぐ「改革派」はいたのですが、この言葉は周りが敵だらけであることに羽地がついもらした弱音だったのではないでしょうか。

〝北方〟の理解者とは、薩摩藩家老の新納又左衛門《にいろまたざえもん》だと考えられています。羽地は摂《せっ》政《せい》になる以前に薩摩に3年滞在して彼と親交を深め、また当時の薩摩藩で行われていた経済改革を目の当たりにしています。琉球での構造改革は、この改革がモデルとなったとみられます。羽地のバックには薩摩藩があったわけですが、決して薩摩の意のままに動くあやつり人形ではありませんでした。薩摩藩の琉球への負担強化に対しては反対もしています。彼の目的はあくまでも琉球という主体をよみがえらせることにあったのです。羽地はこう述べています。「私のやり方に文句があるヤツは相手になろう。王国のためを思うなら、この身は惜しくない」と。彼は決して薩摩のためには働いていないのです。

羽地がしいた改革路線は、後に現れる大政治家、蔡温によって完成することになります。蔡温は琉球の国家経営について「腐った手綱で馬を走らせるようなものだ」と述べています。小国である琉球がいかに生き残るか。二人の改革者はこの困難な課題に挑んだ偉大な人物といえるでしょう。

落ちこぼれの大政治家

琉球の歴史で最もすぐれた大政治家といえば、蔡温《さいおん》をおいてほかにはないでしょう。彼は18世紀、三司官という大臣職について数々の改革をおこない、「蔡温以後の琉球には三司官が4人いる（三司官のほか、蔡温の教えがある）」と後の世にまで語られるほど大きな影響を与えました。しかしこの蔡温、若い頃は全く勉強ができない落ちこぼれだったのです。

蔡温の家はエリートの家系で、父の蔡鐸《さいたく》は歴史書の『中山世譜《ちゅうざんせいふ》』も編集した有名人でしたが、どういうわけだか息子の蔡温はもの覚えが悪く、16歳になっても遊びまわって満足に読み書きができない状態でした。

ところがその年の夏、ある事件が起こります。仲間たちと月見の際、身分の低い家柄の友人と口論となり、彼に「蔡温は家柄がよくても全く勉強ができない。お前は、衣装は立派でも百姓と変わらない」とバカにされ、他の友人も蔡温を笑いものにしたのです。蔡温はその場を逃げ出して一晩中泣きあかしたといいます。

それから彼は人が変わったように勉強しはじめました。その勉強ぶりはすさまじく、20歳になる頃はほとんどの書物を読破し、21歳に読書の師匠に任じられ、27歳には福州琉球館（中国にある琉球大使館）のスタッフに抜てきされるほどの出世をします。バカにされたくやしさから必死に勉強し、ついに友人を見返してやったのです。ですが、この頃の蔡温は自分の力を過信し、「俺は秀才だ」と少々勘違いをしていました。

そんな時、中国で彼はある老人と出会います。老人は彼に「あなたはこの年になるのに何にも学問しておりません。惜しいですな」と言われ、驚いた蔡温は「自分はほとんどの書物を暗記して、詩文も作れる。なぜそのようなことを言う」と反論し、老人と論戦しますが、ことごとく負けてしまいます。そこで蔡温は今まで形だけの学問しかしていなかったことを老人に教えられたわけです。琉球に帰国した後の蔡温は、もう自分の才能を誇るそれまでの彼ではありませんでした。世に貢献すべく、さらに学問にはげむ彼は30歳の若さで後の国王尚敬《しょうけい》の教師に大抜てきされ、そこから琉球の難題に立ち向かい、大政治家と言われるまでに成長をとげていきます。

以上は彼自身の書いた自伝からの話です。偉大な政治家は、実はとても人間味のある人物であったことがわかりますね。

儀間真常の尻ぬぐいを蔡温が

琉球史の偉人、儀間真常《ぎましんじょう》。真常はサツマイモを沖縄で普及させ、そのイモはさらに江戸時代の日本にも伝わって多くの人々を飢饉《ききん》から救うことになりました。彼はそんな偉大な人物なのですが、彼がなしとげた功績が１００年の時を経て思わぬ結果をまねき、その尻《しり》ぬぐいを蔡温がするハメになったという事実をご存じでしょうか。

真常はサツマイモを普及させたほかに、琉球の産業振興のためサトウキビの新たな製糖法を導入したことでも有名です。導入以前の琉球にもサトウキビは存在していたようですが、ごく少量でそれを商品化するまでにはいかなかったようです。真常は中国(明)の福建からサトウキビを大量にしぼるための新技術を琉球に持ち込みました。みなさんのなかには沖縄観光の際、琉球村などで牛に引かせてサトウキビをしぼるローラー式の圧搾機《あっさくき》をご覧になった方がいると思いますが、あれこそが真常が琉球に導入した新型ローラー式機械だったのです(現在の圧搾機は真常が導入したものから若干の改良がされています)。

ローラー式圧搾機はもともとインドで考案され、16世紀後半に中国福建に伝わって改良をほどこされたもので、サトウキビの圧搾効率を飛躍的に高めた革新的な新技術でした。真常は当時のハイテク機械であったローラー式圧搾機と、それにともなう生産システムを琉球に導入して、黒糖の大量生産を可能にしたわけです。新製糖法の確立によって糖業はやがて近世琉球の財政を支える基幹産業となり、琉球産の砂糖は大坂市場にまで輸出されることとなりました。

ところが、すべてが順調にみえた状況から事態は思わぬ方向へとむかいます。黒糖の原料であるサトウキビ畑を増産す

『青い目が見た「大琉球」』ニライ社より

るために各地で大規模な土地開発ブームが起こり、また木製ローラーの製作と黒糖を煮詰めるための燃料などを大量に必要とした結果、沖縄での森林伐採が進み、それまでの緑豊かな風景は一変して、木材の枯渇という深刻な事態をまねきました。真常の導入した新製糖法は、琉球史上初の「環境問題」を引き起こしたのです。

この環境問題の解決に取り組んだのが蔡温でした。蔡温は「杣山《そまやま》政策」と呼ばれる森林育成の政策を実施して、やみくもに森林資源を消費するやり方を見直したのです。つまり乱暴に言ってしまえば、真常の尻ぬぐいを蔡温がすることになったというわけです。

もちろん環境問題の原因は真常だけにあるわけではなくて、砂糖を増産して外貨を獲得しようとした王府にもあるでしょう。別に真常を責めるつもりはないのですが、良かれと思ってやったことが後に意外な結果をもたらす場合があるということです。われわれが現在していることも時を経てどのような結果をまねくことになるのか……それは歴史の神のみぞ知る、ということでしょうか。

琉球は薩摩の「奴隷」だったのか？

近世（江戸時代）の琉球王国は薩摩藩の支配下におかれていました。薩摩の琉球支配でよく言われるのは次のような説でしょう。征服者の薩摩藩は琉球王府を形だけ残し、中国との貿易で得られた利益を徹底的に奪い取る一方、琉球を植民地化して人民を奴隷のように扱ったと。薩摩に支配された琉球の悲惨な状況は、明治の琉球処分によって解消されたと伊波《いは》普猷《ふゆう》によって主張されています。彼の「琉球処分は奴隷解放なり」という言葉は有名です。はたしてこのような説は正しいものなのでしょうか。

実は、伊波が唱えた薩摩支配下の琉球が「奴隷」状態だったという説は、近年の研究では全く否定されています。

まず、琉球には薩摩藩の「植民地総督」はいたのでしょうか。琉球には「在番奉《ざいばんぶ》行《ぎょう》」という薩摩役人が派遣されていましたが、スタッフの総数はたったの数十名しかいませんでした。彼らの滞在場所は那覇の港町にほぼ限定され、しかも薩摩藩スタッフは国王との接触を厳しく禁止されていました（政治的な癒着《ゆちゃく》を防ぐため）。彼らの仕事は薩摩への年貢送付の監督やキリシタン禁制など限られたもので、王府の政治に関与する権限は全くありませんでした。つまり、琉球には薩摩藩の出張所程度の機関しかなく、琉球国内の政治は琉球王府が行っていたのです。

もちろん琉球は薩摩藩を無視して自由に動けたわけではありません。薩摩藩は支配に関わる重大事についてはしばしば介入してきましたが、最終的な政策の実行はあくまでも琉球王府の手にゆだねられていました。

それに琉球は薩摩藩の指示に対して「奴隷」のように従っていたわけではありません。例えば、18世紀に薩摩藩が年貢の増額を要求してきた際には、琉球側はねばり強く外交交渉を行い、ついに薩摩藩からの譲歩を引き出しています。この時に琉球が負担軽減の理由として持ち出してきたのが、「中国の清朝と日本の徳川幕府との外交で多額の資金を費やしたのにくわえ、災害などで国内の状況が悪化したから」というものでした。

近世の琉球は中国や日本との外交関係を維持することで成り立っていた国家でした。徳川幕府も琉球やアイヌを従属させることで日本版「小中華」をつくり、自らの権威を高めようとしていました。幕府にとって琉球との外交関係は是非とも維持しなくてはならないものでした。幕藩制国家のもとで琉球支配を担当していた薩摩藩にとっても、琉球の体制が維持できなくなるような重い負担はかけることはできなかったのです。琉球側は薩摩藩が反論しにくい理由をあらかじめ承知していて、この論理を持ち出すことで薩摩藩からの譲歩を引き出すことに成功したのです。ちなみにこの時の琉球の外交を主導していたのは、あの蔡温でした。

また、薩摩藩は琉球が中国貿易で得た利益を一方的に奪い取っていたのでしょうか。たしかに薩摩藩は琉球の中国貿易に深く関わっていました。しかし、薩摩藩は自ら資金を用意してきて、王府貿易に投資するかたちをとっていました。そして、驚くべきことに琉球の中国貿易は、実は大幅な赤字状態でした。王府は砂糖をヤマトに売って儲《もう》けた金で損失を補い、何とか貿易を続けていたのです。赤字状態でも貿易を続けざるを得なかったのは、貿易が「朝貢《ちょうこう》」という、中国への従属関係を確認する儀礼とセットになっていたことと（貿易は本来、朝貢のおまけにすぎません）、王府が家臣たちにボーナスとして個人的に貿易を行う権利を与えなくてはならなかったからです。王府の貿易自体は赤字でも、家臣たちは各自で商売をして利益を得ることができました。

このように琉球は貿易をやめたくてもやめられない事情があったのです。逆に薩摩藩は自分たちの資金を調達するために商人から高利の借金をしていたので、効率の悪い貿易の縮小を望んでいました。

近世の琉球は、たび重なる薩摩藩の要求に対して、「論理」を武器に巧みな外交戦術で自らの国益を確保しようとはかっていました。薩摩藩は琉球を支配下に置いていたものの、その支配には限界があり、琉球を完全にコントロールすることは不可能だったのです。中国の朝貢国であった立場も、薩摩藩が介入できない余地を琉球に与えることになりました。

小国の琉球は自らのポテンシャルを最大限に発揮して大国に立ち向かっていたのです。

琉球使節は「異国風」を強制された?

みなさんは「江戸上《のぼ》り」または「江戸立《だち》」をご存じでしょうか。江戸時代、日本の幕藩体制に組み込まれた琉球が、国王や徳川将軍の即位に際して江戸に使者を派遣し、従属関係を確認するイベントのことです。

琉球の使節団は王子を正使として、百数十人が薩摩藩士とともに水路・陸路から江戸城に向かいます。その道中、琉球の使者たちは薩摩藩から「異国風」の中国服を着ることを強制され、沖縄の人々は日本人とはちがうという差別意識を本土の人々に植え付けることになった、とこれまで言われてきました。この説は本当なのでしょうか。

まず中国服についてですが、実は琉球の正装はもともと中国の冠服でした（「フォーマルウェアはチャイナ服」49頁を参照）。なので、琉球では外交儀礼の場で中国冠服を着用することは通常の作法だったのです。薩摩に征服される以前の1575年（天正3年。戦国時代）、薩摩に派遣された琉球の使節団は「唐衣裳《とういしょう》」を着て行列し、中

国風の音楽を演奏しています。つまり琉球人に「正装をしてこい」といえば、強制されなくても中国服を着てくるわけです。

薩摩藩が江戸上りの際、中国風をせよと通達していたことは確かです。その背景には、「異国」を従えていることをアピールすることで、薩摩藩のみならず、幕府の権威を高めることがあったことは間違いありません。しかし、中国風にせよと通達された対象は、何と旗や槍などの儀仗《ぎじょう》や道具類だけで、服装に関しては全く規定はありません。現に江戸上りの琉球使節を描いた絵図には、琉装をする琉球人もちゃんといます。身分の高い使節はみな中国冠服が正装でしたが、ランクの低い官人は普段どおりの琉装だったようです（さらに場所によっては全員琉装の場合もあります）。

このように、江戸上りの琉球の使者に対して薩摩藩が中国風（異国風）の服装を強制したという説は間違いであることがわかります。実際には「強制」ではなく、もともとの中国風をより「強調」したというのが真相なのです。

なぜこのような説が流布することになったのでしょうか。そもそも「異国風を強制された」という考え自体がおかしくはないでしょうか？　琉球は江戸時代の日本にとって「異国」です。「異国」に対して「異国風」を強制するということはトンチンカンな行為です。

実は、この説が唱えられた背景には復帰以前の沖縄と日本の関係があります。この「異国風」強制説には、「沖縄が異国であることはおかしい」という観念が根底にあるのです。

1952年、サンフランシスコ平和条約によって、沖縄は一方的に日本から切り離されて米軍統治下に置かれ、人権無視の様々な弾圧を受けていました。アメリカ当局は自らの支配のもとで安定的に沖縄を統治するため「日本」と「沖縄」の分断政策に乗り出し、「琉球」をより強調しはじめます（琉球政府・琉球大学・琉米文化会館などなど……）。対する沖縄の人々はアメリカ統治からの解放を日本復帰に見出《みいだ》し、島をあげて「祖国」復帰運動を強烈に進めていきます。

「異国風」強制説は、この説が唱えられた復帰以前の「沖縄は日本とひとつだ、〝祖国〟に帰るべきだ」という時代の風潮に強く影響されています。当時の研究者たちもこの考え方から自由ではなく、「江戸上りの差別的な異国風強制は、沖縄を異民族視する印象を本土の人々に与え、この影響は日本と沖縄が分離されている現代（復帰前の時代）まで続いているのだ」と主張したのです。

歴史を分析する研究者も、また自分たちの生きる時代から完全に自由になれるわけではないのです。歴史家の説も、時代を知るうえで大切な「歴史の一部」なんですね。

琉球・沖縄史トリビアの瑞泉

お妃さまの選び方

かつて沖縄に存在した琉球王国は、１８７９年（明治12年）、明治政府によって日本に併合され消滅しました。首里城は政府によって接収され、城内にあったぼう大な記録や宝物は四散して、王国時代を知るための手がかりはほとんど失われてしまいました。

ところが、戦前まで沖縄には首里城内に勤めていた女官や役人など「王国の記憶」を持つ人々が存命していました（彼らはほとんど沖縄戦で亡くなったようですが……）。考えてみると、現在から数えても琉球王国は滅亡してわずか１３０年ほどしか経っていません。琉球王国の時代は遠い過去の話ではないわけです。彼らは首里城内の儀礼や風習などを鮮明に記憶していて、戦前その話を真栄《まえ》平房敬《ひらぼうけい》氏が聞き取っています。現在残されている記録からではわからない王国時代の貴重な証言の一端を真栄平氏の話をもとに紹介しましょう。

首里城の大奥（御内原《おうちばら》）に勤めていた女官たちの証言によると、王のお妃《きさき》は大変おもしろい方法で選ばれていました。

審査は王府の役人と女官たちによって行われ、まず、庭でマリつき、片足とび、2人が手をつないで引っ張り合いながらグルグルまわる遊びをさせて、他と比較しながら候補者をチェックします。役人や女官が、候補者たちの遊ぶ姿を真剣に見つめている光景は何だか滑稽《こっけい》です。そして室内に通して歩き方や足音を見てシツケができているか確認します。

次に個人面接。これは今の就職の面接とだいたい同じかもしれません。面接を通して教養や言葉遣い、性格などを見るそうです。さらに候補者たちに食事をとらせて食べ方をチェックします。そこでの重要なポイントは、ハシをなめた長さです。ハシをなめた部分が長いのは減点の対象となります。候補者たちはいかに口にハシが触れないでものを食べるか、親と「巨人の星」のように特訓したかもしれません。

このような審査の過程で、候補者は2～3名にしぼられてきます。最終審査は独特の内容になっています。黄金のハサミを畳の下のどこかに隠しておき、最終候補者たちをその部屋に入れて好きな場所に座らせます（場合によっては再度行う）。隠したハサミの上に座れば見事！　当選です。王妃になるべき徳の高い人物は黄金のハサミの上に自然と座るものだと信じられていたようです。王妃となるために血のにじむような努力で礼儀作法や教養を身につけたとしても、最後は宝くじのような運だめしだったわけです。

琉球最後の王、尚泰《しょうたい》王の時の王妃選びでは、最終候補者の佐久真殿内《さくまどうんち》と浦添殿内の娘が「ハサミくじ」を2度行って、1度目が佐久真、2度目が浦添で勝負は五分五分でした。ちなみに尚泰王は絶世の美人であった浦添の娘に心をよせていました。

ハサミくじは対等であったために歴史記録を調べたところ、かつて佐久真家出身の王妃をめとった尚貞王は長生きして、浦添家出身の王妃をめとった尚温王は短命であったことが判明、先例を参考にして佐久真の娘に決定したということです。

尚泰王はさぞかしガッカリしたことでしょうね。

王族の夫人図

卵で洗髪！　王様シャンプー

首里城内で行われていた儀礼・風習のうち、さらに面白い王様のプライベートをのぞいてみましょう。首里城の王様はどのようにお風呂に入っていたのでしょうか。伝承によれば、場所は不明ながら首里城にもちゃんとお風呂があったそうです。風呂場は6畳ほどの広さで、内部には厚さ1寸5分（5センチほど）の板張りの浴槽がありました。お湯は別の場所で沸かされ、わざわざ浴室まで運ばれてきたそうです。

王様の入浴は夕方で、白木綿の浴衣を着たまま入りました。2人の近習たちが浴衣のソデやエリ口から手を入れてゴシゴシ洗ったそうです。王様ともなると自分の体も臣下に洗わせていたんですね。

入浴を終えると、濡《ぬ》れた浴衣姿のままで居室のある二階殿に戻り着替えて、その後夕食をとったということです。濡れたままで風呂から移動するなんて、冬は寒そうです。風邪をひかなかったのでしょうか。

洗髪は入浴とは別に行われました。シャンプーは何と卵の白身。王様の髪に卵の白身をたっぷりと塗りたくり、その後濡れた手ぬぐいで何回も卵白のヌメリをふきます。そして乾いた手ぬぐいでふいた後、髪を結いなおしたといいます。手ぬぐいでふいても卵のヌメリはとれず、髪を整える髪油は必要なかったといいますが、王様の髪はいつもベタベタで生臭かったわけですね。

この卵洗髪、特別に珍しいわけではなく、今でも卵の白身でヘアパックをすることがあるそうです。王様の洗髪も髪のケアにはいいかもしれませんが、そのまま洗い流さないというのはちょっと……。

ちなみに卵の黄身の部分は捨てることはなく近習が食べていたそうです。役得かもしれませんが、洗髪のたびに卵の黄身を何個も食わされていてはさすがに飽きたかもしれません。

拝見！　王様の朝ごはん

琉球の国王は日常、どのような食事をとっていたのでしょうか。沖縄（琉球）料理といえば豚肉料理やチャンプルー料理をまず思い浮かべると思います。あるいは琉球は中国と交流があったから、王様も中華料理に近いものを食べていたと考える方も多いのではないでしょうか。

実は王国が滅びる7年前の１８７２年（明治5年）に書かれた、最後の国王尚泰《しょうたい》が食べた日常食の献立が残されています。王様にとってのご馳走《ちそう》ではなく、普段食べている食事というところが非常におもしろいところです。この献立は首里城の料理長だった家に伝わっていたもので、メニューは朝・昼・晩の三食ともあるのですが、ここでは朝食の献立を紹介したいと思います。

王様の朝食（一汁五菜）

酢をつけた魚（刺身？）、色のり　※色のり…海苔《のり》の一種？　不明。
あられ魚・若菜・シイタケ入りの汁
　※あられ魚…魚肉をサイの目に細かく切ったもの。
香の物（結びタクワン、塩もみ大根）
　※結びタクワン…結び昆布のようにしたタクワン。
ご飯
煮物、キスのあぶり焼き、蒸し麩《ふ》、レンコン
あいなめ、島田湯葉、糸三つ葉
　※糸三つ葉…三つ葉を糸状に細かく切ったもの。
菜のお浸しカラスザンショウがけ
魚の串《くし》焼き（てり焼き）

何ともおいしそうなメニューですね。王様は普段こんな料理を食べていたのです。

この料理を見てわかることは、今の沖縄料理をうかがわせるようなものは全くないという事実です。この献立は一種のマニュアルのようなもので、特定の日のメニュー

をそのまま記録したというわけではないようですが、王様の食事はほとんど和食に近いものだったことがわかります。実は王様の日常食だけでなく、首里城などの行事の際に出される料理はそのほとんどが日本料理でした。

じゃあ、みんなが知ってる琉球料理は一体何なんだ!?　と思うかもしれません。もちろん琉球には中華料理の影響が全くなかったわけではありません。中華料理は中国から国王を任命するための使者（冊封使《さくほうし》）が来た時に、彼らを歓待する料理として出されました（そのメニューも現在残されています）。これらの中華系料理、豚肉料理は中国系移民の住む久米村を中心に普及していましたが、あくまでも琉球の士族たちが公的行事の際に食べる料理は日本料理が原則だったようです。王朝の料理人たちは薩摩へ修行に行き、そこで日本料理を学んで免許を受けた者が数多くいました。

身分ごとに食べる料理がちがっていたことも考慮しなくてはならないでしょう。沖縄料理はアブラっこく、味くーたー（味が濃い）で「まずい」という声もたまに聞きますが（僕は好きですが）、現在の一般的な沖縄料理は主に民間で食べられていた料理です（しかも近代以降に普及したもの）。庶民は肉体労働をしていたためアブラ分や塩分の多い食事が中心でしたが、王族や士族はさほどカラダを動かさなかったので、あっさり・うす味の料理を食べていたのです。

実は、正統な琉球王朝料理というものは現在、部分的にしか伝えられていません。王朝料理を総体として知る人間は王国が滅亡して、やがて姿を消してしまったのです。尚泰王の子で〝グルメ男爵〟として知られる尚順《しょうじゅん》男爵は「琉球料理の堕落」と題するエッセイを書いて、「もはや琉球料理の真味を知った人はほとんど絶滅したに近い」と述べています。

なお、王様の献立には「あいなめ」という沖縄では獲《と》れない魚がありますが、これはなぜでしょう。実はこの献立が書かれたのは明治5年。日本ではすでに函館の氷を使った冷蔵輸送が行われていました。おそらく蒸気船で冷蔵輸送された食材を王様は食べていたようです。

ゴーヤーチャンプルーやラフテーが沖縄料理の全てだと思っていませんか。決してそんなことはありません。かつて王国時代に食べられていた〝琉球料理〟は様々なバリエーションがあったことを、この王様の献立はおしえてくれます。

沖縄に追放されたモンゴル皇帝の末裔《まつえい》

沖縄の歴史には一般に知られていない、驚くべき事実がけっこうあります。今回はそのひとつを紹介しましょう。

13世紀頃にユーラシア大陸を席巻した史上最大の帝国・モンゴル帝国のうち、クビライが建てた大元ウルス（ウルスはモンゴル語で国）は1368年、明朝の朱元璋《しゅげんしょう》（太祖《たいそ》）によって滅ぼされます。その時、明は元朝皇帝の次男と妃《きさき》・娘を生け捕りにしましたが、彼らが沖縄に追放された事実はあまり知られていません。

沖縄に追放された人物の名前は「地保奴《テイポヌ》」。元朝17代天元帝（ウスハル・ハーン）の次男です。

捕らえられた地保奴らは当時の明朝の首都であった南京に送られます。明朝皇帝の太祖は元朝がかつて良い政治も行ったことを考えて、その子孫である地保奴を殺すことは止めました。しかし国内においておくのもどんなものだろうかということで、多くの資財を与えて琉球に送った、と明朝の記録『明実録』にあります。

『明実録』の記事は単なる伝承などではなく、当時の出来事を正確に記録したものですから、元朝皇帝次男の琉球への追放はほぼまちがいない事実と考えられます。また「琉球」が台湾を指すのではないかとの意見もありますが、『明実録』では台湾のことを「小琉球」と区別してあることから、記録の「琉球」はやはり沖縄の可能性が高いといえます。

チンギス・カン

地保奴がその後どうなったのかは不明です。琉球のチャイナタウンである久米村《くめむら》にも彼らに関する情報は残されていません。もしかしたら当時の中山の都だった浦添グスク周辺に屋敷を与えられて住んでいたかもしれません。いずれにせよ地保奴は故郷から遠く離れた南海の地でのんびり暮らしたことでしょう。

現在、沖縄に住む人のなかに、史上最大の帝国をつくったチンギス・カンの血をひく人がいるかもしれません。今となっては確かめようもありませんが……。

日本より100年早く伝わった鉄砲

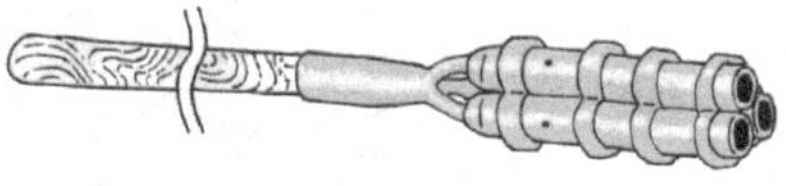

火　矢

日本への鉄砲伝来は１５４３年の種子島《たねがしま》へ火縄銃が伝わったことが広く知られています。しかし琉球にはこれより約１００年さかのぼった時期に〝鉄砲〟が伝来していた事実が、明らかになりました。

琉球の鉄砲についての最古の記録は１４５０年。「火筒《かとう》」と呼ばれる小型の銃砲があったと書かれています。これは火縄銃より古い形式の鉄砲で、映画「もののけ姫」に出てきた石火矢《いしびや》と呼ばれた形式と同じものだったと考えられています。

15世紀、琉球の使者が室町将軍に会った際、「鉄放《てっぽう》」をぶっぱなして京都の人を驚かせたというエピソードは有名です。

また沖縄のグスク調査などでは、金属や石製の弾（最大10センチ）がごろごろ出てきます。これが鉄砲や大砲の弾丸だといわれています。

那覇港近くのロワジールホテルの裏には三重《みえ》グスクという史跡があるのですが、ここは実は海上の砲台でした（現在はわずかに石垣が残っています）。琉球は当時の最新兵器である大砲を導入し、ここから那覇港に入ってくる倭寇《わこう》などの海賊船に対して大砲を撃ったのです。1609年、実際に島津軍が琉球に攻めてきた時、この砲台から島津軍の船を砲撃していったんは撃退しています。

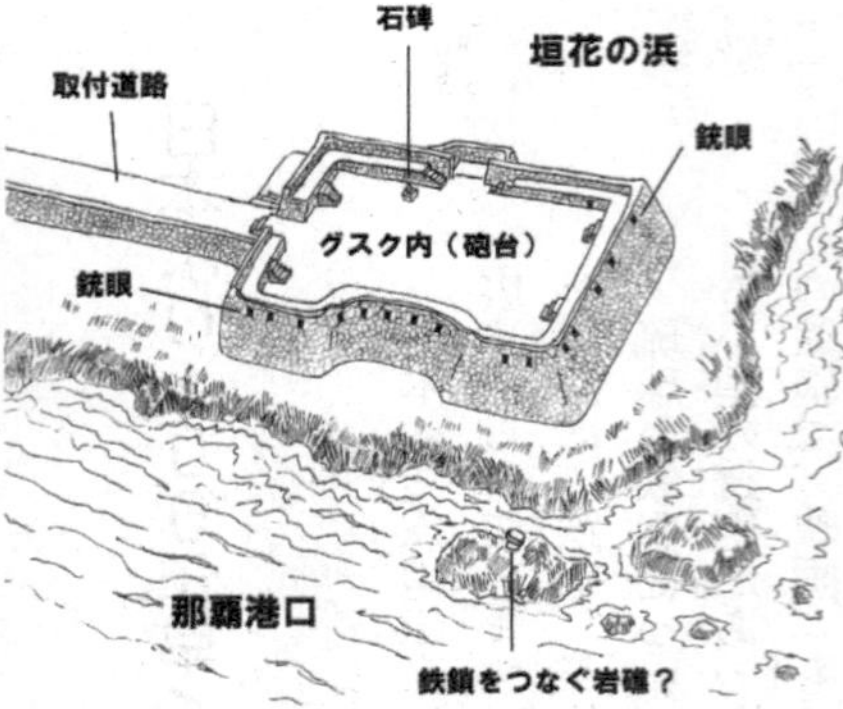

三重グスクの対岸にあった屋良座森グスク

この鉄砲は中国から伝わったものでした。当時の中国はすでに火薬と鉄砲が発明されていて、中国と交流のあった琉球はここから入手したのです。

また火薬の原料である硫黄《いおう》が琉球ではたくさん採れました。つまり鉄砲に不可欠な火薬を作りやすかったわけです。

戦国時代の日本の戦いに一大革命を起こした火縄銃も琉球は持っていたようです。1453年に種子島に伝来したといわれ

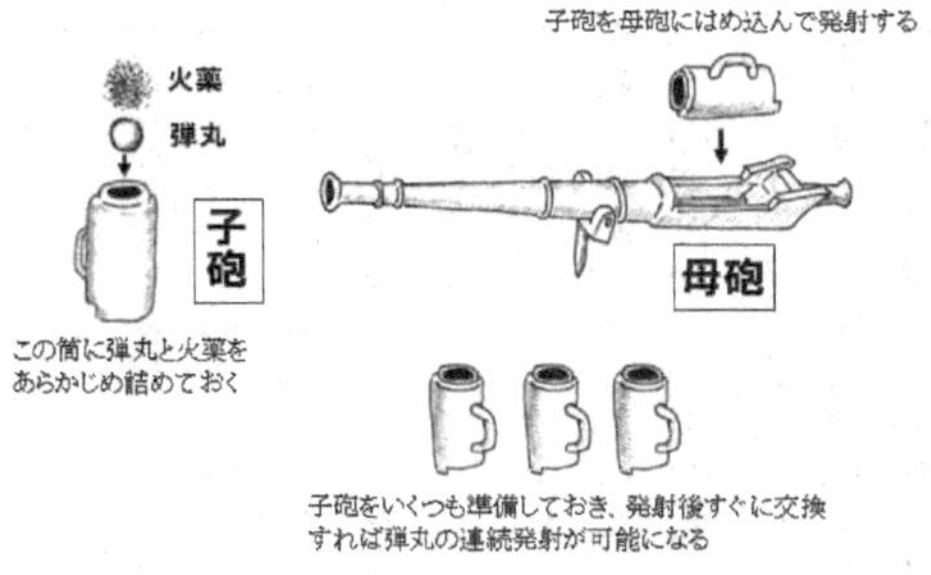
子砲を母砲にはめ込んで発射する
火薬
弾丸
子砲
母砲
この筒に弾丸と火薬を
あらかじめ詰めておく
子砲をいくつも準備しておき、発射後すぐに交換
すれば弾丸の連続発射が可能になる

ポルトガル伝来の新型砲「仏朗機（フランキ）砲」
明代の中国で使用され、倭寇対策に威力を発揮。
琉球にも伝来していた可能性が高い。進貢船や那覇港の砲台に設置か。

る鉄砲ですが、実はこの1年前にポルトガル人は東南アジアから中国に行く途中、嵐で琉球にたどり着いています。この時に火縄銃が伝来したか不明ですが、火縄銃を持ったポルトガル人がしばしば琉球に来ていたことは確実です。

さらに島津軍が琉球に侵攻する3年前の記録には、王府の高官が大小さまざまな「銃」を200丁も保有していたとあります。この「銃」は火縄銃の可能性があります。

考えてみれば、対外世界と活発に交易を行っていた琉球で、武器だけが全く伝わらなかったというのもおかしな話です。とくに当時の海域は倭寇などの海賊がウヨウヨしていた無法地帯でした。琉球もそのなかで最新兵器を取り入れて外敵に備えていたというわけです。

秀吉もびっくり、ウフチブル我那覇

豊臣秀吉といえば、言わずとしれた戦国時代を勝ち残って天下人となった人物です。大河ドラマでも秀吉を取り上げた年には高視聴率をマークし（１９９６年には竹中直人主演で放送されていましたね）、彼が今なお多くの人々に愛されていることがわかります。ドラマでは天下を取ったところでだいたい終わりますが、実はその物語には続きがあります。

日本全国を支配下においた秀吉は、さらにアジア世界の征服をもくろみます。秀吉が朝鮮に攻め入ったのはご存じの方もいると思いますが、彼は朝鮮の征服自体が目的だったのではなく、その先の明をめざしていました。当時の記録には朝鮮侵攻のことを「唐入《からい》り」と表現しています。朝鮮はあくまでも通り道にすぎなかったわけです。

１５９２年、10万の日本軍が朝鮮の釜山《プサン》に上陸、破竹の勢いで進撃してわずか１ヶ月で首都の漢城（ソウル）を陥落させます。国王は逃亡し、朝鮮王朝はもはや風前の灯《ともしび》でした。さらに秀吉はルソン（フィリピン）や台湾、そして琉球にも支配の手をのばしていました。

秀吉はかつて亀井茲矩《かめいこれのり》という武将に琉球を与えることを約束して「琉球守《りゅうきゅうのかみ》」と名乗らせたように、琉球王国を自らのものと考えていました。

琉球に対しては薩摩の島津氏を介して使節の派遣を命じ、1589年、琉球の使者は京都の聚楽第《じゅらくだい》で秀吉と対面します。この時の使者は天龍寺桃庵《とうあん》というお坊さんでしたが、その補佐役として我那覇親雲上《がなはぺーちん》秀昌《しゅうしょう》がいました。対面した秀吉は天龍寺そっちのけで我那覇に興味を示します。

我那覇は頭が大きい人物だったようで、秀吉は彼の冠（烏紗帽《うしゃぼう》）を取って自分がかぶります。すると我那覇の冠は秀吉の頭にスッポリとはまってしまったのです。秀吉は「大なるかな、秀昌の頭や」と叫んだといいます。嬉々《きき》として我那覇の冠をかぶる秀吉が想像できますね。それ以来、彼は「大頭（ウフチブル）我那覇」というニックネームがついてしまいます。我那覇にしてみればいい迷惑で「秀吉の野郎め……（怒）」と怒ったかもしれません。

秀吉はこの時の琉球の使者を一方的に服属するために来たと解釈して、朝鮮出兵の食料支援を要求してきます。明朝を宗主国にいただく琉球は当然、明征服のための戦争に協力できるはずはありませんが、従わなければ朝鮮のように攻め込まれる恐れもあり、結局半分だけ出すということで妥協します。

しかし一方ではひそかに明に秀吉のたくらみを通報したりと、日明両国のはざまで難しい外交のかじ取りを迫られるのです。

ご存じのように朝鮮出兵は失敗し、秀吉の野望ははかなくもついえました。琉球は秀吉に攻められることはなかったわけですが、今度は秀吉の出兵で断絶した日明の国交回復をめぐって徳川家康が琉球を利用しようと考え、島津氏がそれに乗じて支配をねらいます。琉球は再び時代の荒波にまきこまれていくのです。

豊臣秀頼、琉球潜伏説

前回は秀吉ネタということだったので、続けて豊臣氏と琉球の関わりについて紹介したいと思います。

天下に権力を振るった豊臣秀吉の死後、跡を継いだ子の秀頼は１６１５年（元和《げんな》元年）、徳川家康の大軍によって攻められ、大坂城で自ら命を絶ちます。いわゆる大坂夏の陣です。大坂城が落城してまもなく、あるウワサが日本各地でささやかれ始めます。大坂城で死んだはずの秀頼が実は落ちのびて生きているというウワサです。

平戸《ひらど》のイギリス商館長だったリチャード・コックスは、当時の人々の間でさかんに流れていたこのウワサを日記に書きとめています。ウワサは庶民だけでなく、平戸の大名松浦氏からも届きます。コックスはこれを作り話にすぎないと否定しますが、その疑いを完全に消すことはできなかったようです。その後もしばしばこのウワサについて書き記しています。そのなかで秀頼は薩摩か琉球諸島に逃れたのではないかとい

う、ある情報が入ってきます。

秀頼が琉球で生きているのではないか。この「有力」な情報は家康の耳にも届いたようです。ウィリアム・アダムス（三浦按針《みうらあんじん》）は家康から駿府《すんぷ》に呼ばれますが、その理由は「大坂を落ちのびた秀頼が隠棲《いんせい》場所として琉球で新たな城を建造中である」との未確認情報を彼にたずねるためであったといいます。家康は秀頼が琉球に潜伏しているのではないかと考えていたようです。

大坂夏の陣の翌年、長崎から村山等安《とうあん》の軍船が台湾攻撃のために出港しますが、ちまたではこの攻略部隊が秀頼を捜索するために琉球へ向かう予定であるとウワサされていたといいます。このように、秀頼生存説は無視できない深刻な問題として、当時の人々の間でまことしやかに語られていたのです。

なぜ秀頼が薩摩・琉球方面に潜伏していたとウワサされたのでしょうか。このウワサには当時の人々に確かな情報ではないかと信じさせる、ある「根拠」がありました。まず西国が徳川政権の影響力から最も遠い場所であり、とくに薩摩藩が徳川の力が及びにくいところという認識があったこと。さらに大坂から薩摩を通って琉球へ到るルートが現実に存在したことです。

ウィリアム・アダムスは1614年冬、貿易のためジャンク船でシャム（タイ）へ向から途中、嵐に遭って島津氏に征服されて間もない琉球に寄港しています。彼はその時、大坂から落ちのびてきた「位の高い人物」が首里に来たことを聞いていますが（残念ながら名前は記されていません）。実際に大坂から琉球へ潜伏することは可能だったのです。幕府は薩摩藩を通じて琉球に大坂の落人《おちゅうど》を捜索し、発見次第ただちに日本へ引き渡せという命令を実際に出しています。おそらく多数の大坂方の落人が琉球にいたのではないでしょうか。

実はこの当時、10万人以上の日本人が東南アジア方面へ渡航・移住するという日本の「大航海時代」とも呼べる社会現象が起こっていました。大坂の陣で敗れた雑兵たちも新天地を求めてひそかに東南アジアへ向かい、傭兵《ようへい》などとして活躍したとみられます。琉球は日本人が東南アジアへ向かう際の中継地として使われたようです。このように秀頼の琉球潜伏は当時の人にとっては「ありえる」話だったのです。

さて、琉球に潜伏していた大坂方の「位の高い人物」とはいったい誰なのでしょうか。まさか秀頼本人なんてことは……。

ジュゴンの肉を食べ、くじらのフンを嗅《か》ぐ

「人魚」と言われた海洋哺乳類《ほにゅうるい》のジュゴンが、かつて沖縄で食べられていたことをご存じでしょうか。琉球王国時代にジュゴンは不老長寿の薬とされ、とくに国王が食べるために税として八重山の新城島《あらぐすくじま》に課されていました。

ジュゴンは顔立ちが馬に似ているため当時は「海馬」と呼ばれていました。八重山の新城島ではジュゴンの豊漁を祈るウタキ（聖なる場所）があり、捕獲したジュゴンの頭がい骨が供えられていたそうです。漁は網を使い、捕獲量は少なかったようですが、獲《と》れたジュゴンの肉は塩漬けか、くん製など長期保存できるように加工され、首里の王様のもとへ運ばれました。でも、あんなにかわいいジュゴンを食べてしまうなんて、ちょっとかわいそうですね。

海産物を納めたのはジュゴンだけではありませんでした。「くじらのフン」もそうです。フンといっても本当の「ウンチ」ではなく、正確にはマッコウクジラから放出

される分泌物の一種で、灰白色のかたまりとなって海岸に打ち上げられるものだそうです。そのかたまりは良い香りをしているらしく、竜涎香《りゅうぜんこう》という香料として世界各地で珍重されていました。

琉球王国時代にはこれを「鯨糞《げいふん》（くじらのフン）」と呼んで、海岸に打ち上げられた「くじらのフン」を見つけた者は必ず各地の役所へ届けるように定めていました。役所では計量後、厳重に封印して都の首里へ送られました。良質の「くじらのフン」はだいたい500グラムで米750キロと交換されたそうですから、相当高価なものであったことがわかります。

「くじらのフン」の売却代金のうち、3分の2が薩摩藩、3分の1が琉球に分けられ、また日本本土の徳川将軍や大名たちに献上されたりもしました。たかが「くじらのフン」ですが、大きな利益を琉球王府と薩摩藩にもたらしたのです。しかし発見者にはわずかの褒美だけが与えられただけで、それほどフンの恩恵にあずかることはできませんでした。

ジュゴンは一体どんな味だったんでしょうね。「くじらのフン」は今でも海岸に打ち上げられるのかわかりませんが、皆さんも沖縄の海へ遊びに行った際に探してみてはいかがでしょうか。

沖縄にいた？ トラとサル

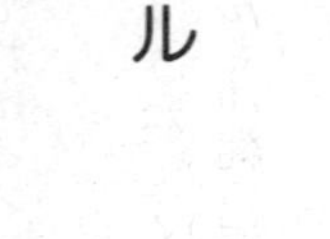

沖縄県内の遺跡を発掘調査すると、しばしば意外なものが掘り出されます。最近、首里城からサルの骨が発掘されて話題になりました。さらに今帰仁《なきじん》グスクからは何とトラの骨が発見されています。現在、沖縄県内にはトラやサルは生息していません。これらの骨はどうして存在しているのでしょうか。その謎をさぐってみましょう。今帰仁グスクから掘り出されたトラの骨は全ての骨格はそろっておらず、下あごの部分だけが見つかっています。残された骨を詳しく調査した結果、骨には意図的に削られたあとがあることがわかりました。トラの骨は何らかの加工がされたということが言えます。おそらくトラの骨は、死後に〝はく製〟か〝トラの皮〟のような製品として加工され、海外から今帰仁グスクに持ち込まれたものと考えられます。あるいは生きたまま連れてこられた後、死んでから〝はく製〟などにされた可能性もあります。このトラは中国か朝鮮からもたらされたものでしょう。

中世においてトラは武勇の象徴とされていました。このトラが山北王の居城であった今帰仁グスクから見つかったのも興味深い点です。山北王の攀安知《はんあんち》は「武芸絶倫」といわれた勇猛な王だったからです。もしかしたら武を好む攀安知がトラをペットとして連れてきたのではないか……想像はふくらみます。

サルの骨は首里城の南側で発見されました。骨はオス・メスの2体があり、分析からヤクシマザルであることが判明しました。時期は16〜17世紀（戦国時代から江戸時代初め頃）で、鹿児島の屋久島《やくしま》から持ち込まれたサルであると考えられます。このサルはおそらくツガイで持ち込まれ、首里城内でペットとして飼育されていたのでしょう。

何百年も前に、はるか遠くから動物を生きたまま運んでくるなんて考えられないと思うかもしれませんが、このような例はけっこうあります。まず琉球から中国への貿易品として馬が生きたまま毎年何十頭も送られていたことがありますし、中国・東南アジアから琉球へオウムがもたらされ、ペットにされていたとの記録もあります。さらに室町時代の日本では、東南アジアから象やクジャクが京都まで送られた例がありますす。このように珍しい動物が貿易品としてやり取りされていたわけです。沖縄で見つかったトラやシカもそのような例のひとつといえます。

昆布と富山のクスリ売り

昆布はクーブイリチー（昆布の炒《いた》めもの）や汁ものをはじめ、今や沖縄料理にかかせない食材です。沖縄の昆布消費量は全国有数といわれます。しかしタイトルの「昆布と富山のクスリ売り」。それが沖縄の歴史とどんな関係があるのでしょう。

沖縄で昆布が広く食べられるようになったのは江戸時代（近世）のことです。ご存じだと思いますが、昆布は沖縄で採れません。沖縄で食べられる昆布は移入されたものです。ではその昆布はどこで採れたものなのでしょうか。実は、琉球で食べられていた昆布はエゾ地（北海道）産でした。

18世紀、エゾ地は開発が進められ、釧路《くしろ》や根室《ねむろ》の沿岸で採れる昆布がニシンなどとともに北前船で出荷され、流通するようになります。昆布は日本海沿岸を通り、最後には大坂市場に運ばれていきます。そして、この昆布の流通網と結びついていたのが富山のクスリ売りでした。彼らは東北から九州の薩摩まで販路を広げてクスリを売っていました。その富山のクスリ売りが目をつけたのが、琉球が中国からもたらす漢方薬の原料です。琉球は中国から大量の漢方薬の原料を輸入していて、クスリ売りにとって貴重な漢方薬はノドから手が出るほど欲しいものでした。そこで富山のクスリ売りは薩摩を通じて、日本海ルートでもたらされる昆布を代価に琉球の漢方薬をゲットしたのです。

こうして琉球にはエゾ地産の昆布が入ってくるようになり、昆布は琉球社会に定着します。祝い事に昆布が贈り物として使われたり、昆布料理が作られたりと、生活に欠かせないものとなっていきます。さらにこの昆布は琉球国内だけで消費されるにとどまらず、中国への輸出商品にもなり、やがて昆布は琉球から中国に輸出される主要商品としての位置を占めるようになります。エゾ地の昆布はめぐりめぐって琉球へたどり着き、さらに中国にまでもたらされることになるのです。

ふだん何げなく食べている沖縄料理の昆布。実は沖縄の歴史が生んだ食材だったのです。島国である沖縄は決して孤立していたのではなく、外の世界との関係のなかで成り立っていたことがよくわかる一例です。

泡盛だけじゃない！　沖縄の酒

沖縄の酒といえば？　皆さんはまず泡盛と答えるでしょう。もしくはオリオンビールを思い浮かべる方もいるかもしれません。もちろん正解なのですが、実は沖縄の酒はこれだけではありません。沖縄で最も古く伝統ある酒といえば……「ウンシャク酒」。何と口噛《か》み酒！　これが〝本来〟の沖縄の酒です。

６００年前、嵐で琉球に漂着した朝鮮の人がその様子を目撃しています。その酒はにごった酒で、米を水につけてやわらかくし、女性が口で噛んでグチャグチャにしたあと吐き出して容器に入れ、それを3日ほど置くと出来上がり。唾液《だえき》に含まれる酵素を利用して米を発酵させる酒で、アルコール度数は低かったようです。中国側の記録では、この酒は琉球で「米奇《みき》」と呼んでいたとあります。つまり、この酒は神酒なのです。味を楽しんだり、酔っ払うための酒ではなく、神にささげる儀式用の酒だったわけですね。口噛み酒はアジア各地に存在していました。

ウンシャクの語源は「歯」を意味する「うむしゅこ」からきているようで、〝歯で噛んでつくる酒〟ということらしいです。しかし「ミキ」と呼ばれた酒の製法には、口で噛むものではなく、炊いた米に麹《こうじ》を加えて、数ヶ月間おいてつくるものもありました。いわゆるドブロクのような酒だったとみられます。原料は米だけでなく、麦やイモ、粟《あわ》などの雑穀も使われたようです。

では沖縄の酒の代表である「泡盛」の由来は？　酒にくわしい方ならご存じかもしれませんが、泡盛はシャム（タイ）などの東南アジアからもたらされた外来の酒がもとになったと考えられています。古琉球時代には「南蛮酒」や「天竺酒」などの外来酒が輸入されたことが確認されています。この酒はいわゆる焼酎《しょうちゅう》などの類の蒸留酒で、アルコール度数も高いものです。また、「泡盛」という名称は江戸時代になって国外向けにつけられたもので、それ以前は単に「サキ（酒）」や「焼酒」などと呼ばれていたようです。つまり、泡盛は船来の酒を沖縄風にアレンジした、比較的新しい酒なのです。

沖縄古来の酒は、その後どうなったのでしょう

か。実はこの酒、戦前まで実際につくられ、口噛み酒なども神事などに使われていたそうです。現在ではさすがに口噛み酒はなくなったようですが、その伝統は完全に途絶えたわけではありません。この酒は形を変えて現在に受け継がれています。それが栄養飲料ミキです。

これは酒ではなく、もちろん口噛みでもありませんが、発酵させる前の米をドロドロの状態にしたものがもとになっているようです。今では黒糖やショウガ、ウコン入りなど様々な種類のミキが販売されています。沖縄の「伝統」酒は新たな進化をとげて現代に生き続けているのです。

今度ミキを飲むときには、その歴史に思いをはせながらドロドロのドリンクをノドに流し込んでみてはいかがでしょうか。

グスクに眠る怪死者

王国時代の人骨のなかには、どうみても正常な死に方ではない、「怪死」したものが発見されています。ひとつは浦添グスクの城壁の下から発見された人骨です。人骨は20代の女性。あお向けに横たわり、両腕と両足を胴体に密着するほど折り曲げられ、まるで何かにしばられているかのような状態で発見されました。埋まっていた深さは2メートルあまり。この遺体の上に粘土が盛られ、さらに岩をつめこんで城壁がつくられています。また勝連《かつれん》グスクの城壁付近からは乳児の骨も見つかっています。

沖縄の一般的な埋葬法は、よく知られているように風葬です。洞窟《どうくつ》やがけ下のくぼみなどで遺体を風化させ、骨になったら容器に入れて安置するという方法でした。当時の埋葬方法は風葬のほか土葬、一部に火葬などがあったようですが、このような埋葬はこれまで発見例がなく、城壁の下から見つかった人骨は異常な埋葬法といえます。

この人骨は、グスクをつくる際の「人柱」ではないかといわれていますが、はっきりしたことはわかっていません。

首里城の右掖門《うえきもん》付近の城壁内からも人骨が発見されています。人骨は30代から40代の男性。グスク時代頃のものです。特徴的なのは頭がい骨に刀キズがあること（キズは直接の死因ではないようです）。

これまでキチンとした調査が行われていないせいもあるでしょうが、沖縄で外傷を受けた人骨の発見例はほとんどありません。なぜ刀キズを負っているのか。しかも首里城内で、なぜたった一体だけ葬られていたのか。その謎はいまだ解き明かされてはいません。

現存しているグスクの城壁をわざわざ壊して調査することは、ほとんど行われていません。調査が行われていない状況では、浦添グスクや首里城の例が一般的なのか、そうではないのかを確かめることはできません。もしかしたら、グスクを築く際には誰かを生き埋めにする〝いけにえ〟の風習があったかもしれないのです。

世界遺産のグスクを訪れる皆さんの下に、今も人知れず「非業の死」をとげた誰かが眠っているのかもしれません……。

グスクの奇妙な穴

沖縄のグスクにはまだまだ知られていない謎がけっこうあります。みなさんはいくつかのグスクの石垣に奇妙な穴が開いているのをご存じでしょうか。グスクの穴……それはグスク最大のミステリーのひとつです。護佐丸《ごさまる》の居城として知られている中城《なかぐすく》グスクの石垣をよく観察すると、あちこちに穴が開いているのを見つけることができます。

確認したところ、グスク全体で５つありました。これらの穴は、日本の城にも見られる銃眼（鉄砲や矢を撃つための穴）だと考えられています。鉄砲の弾も穴付近から発見されています（鉄砲については「日本より１００年早く伝わった鉄砲」１５９頁を参照）。中城でも敵が攻めてきた時に鉄砲を使ったのでしょうか。しかし、城壁の限られた部分にしか穴がないこと、矢や鉄砲で狙いを定めるには石垣がぶ厚くて難しいことから、実用的なものだったのか疑問もあります。

中城の穴

首里城穴

実は、首里城の南側の石垣にも穴があります。この穴は復元されたものですが、適当に造ったものではありません。戦前の首里城を知る古老からの聞き取りをもとに造られたものらしいです。首里城の穴はここ1ヶ所だけ。どう考えても銃を撃つ穴ではありません。さらに安慶名《あげな》グスクの石垣でもたった1ヶ所だけ、穴を確認できます。石垣の厚さは相当なもので、この穴からのぞいても外側の様子はよくわかりません。

鉄砲で敵兵を撃つ穴ならたくさん造らなければ意味がありませんし、外側がよく見えませんから、この穴から撃つなら石垣の上にのぼって直接撃ったほうが効果的です。

実は、これらの穴を持つグスクには、ある共通性があります。それは沖縄のグスクのなかでも破壊をまぬがれて、当時のままの姿を残しているグスクであることです。首里城は戦争で壊されましたが、戦前までは完全に残っていましたから、その姿を知ることができます（ちなみに今帰仁グスクの門の近くにある穴は、後世になって想像で復元されたものです）。つまり、かつてのグスクにはこのような穴が一般的に見られたかもしれないのです。時代がたつにつれ多くのグスクの石垣は壊れ、穴があったかどうか確認できなくなっていったと考えることができます。

グスクの穴には何らかの宗教的な意味があったのではないかと考える意見もありますが、真相は不明のままです。グスクを訪れた際には、是非石垣をじっくりと確認してみてください。もしかしたら新たな穴の発見があるかもしれませんよ。

沖縄県消滅!?　幻の「南洋道」

地方分権の動きにあわせて、いま「道州制」をめぐる議論が活発に行われています。都道府県を解消し、日本の行政区を新しくいくつかの「道・州」に分ける案です。もし実現すれば明治以来の大改革になりますが、そのなかで沖縄県は「九州道」に編入するのではなく、「琉球単独州」にすべきだという意見が沖縄側から強く主張されています。沖縄の歴史・文化の独自性がそのような主張をさせるわけですが、実は、これと似たような議論が１００年前にも起こっていました。

それは戦前の「南洋道」設置をめぐる問題です。これは日本の北にある「北海道」と並ぶようなかたちで、南にも同じように「南洋道」をつくってしまおうとするもので、日清戦争で新たに獲得した植民地の台湾に、沖縄県（または奄美もふくめる）を吸収合併するという計画でした。

ことの発端は１９０８年（明治41年）に帝国議会の代議士がこの計画を提起したこ

とでした。そして、この計画に前沖縄県知事の奈良《なら》原繁《はらしげる》が賛成して運動が進められているる、とのニュースが沖縄に飛びこんできたのです。この計画は沖縄県から出されたものではなく、沖縄側にとっては寝耳に水でした。

　沖縄側はこの「南洋道」設置計画に対して猛反発し、「琉球新報」では「台湾直轄論」という社説をかかげて反対論を展開します。「帝国の一部として、祖国の光栄ある歴史と共にあろうと忠誠を尽くしている沖縄を植民地の下に組みこむとは、不届き千万である！」などと述べています。「皇国日本」との一体化をめざして努力しているのに、沖縄を台湾に売り飛ばすこの仕打ちは何事だ、というわけです。

　背景には台湾が中央政府に納める関税を補うため、沖縄県の収入を当てにしたことがあったとも言われていますが、計画した代議士は、「沖縄県は中央政府のお荷物になっているから、台湾に管轄を移したほうが内地の負担も軽くなるだろ

う」と語っています。いずれにせよ、当時の日本政府は帝国の南端となった台湾の経営を重要視していて、沖縄にはほとんど関心がなかったのです。この計画は結局、各方面からの反対で立ち消えになってしまいますが、近代を通じて沖縄がスルーされる状況は続きます。皮肉なことに、中央政府が沖縄の重要性に気づくのは沖縄戦、軍事戦略上の拠点としての位置づけなのです。

「南洋道」設置の動きに対して、沖縄側は純粋に日本を慕い、「民族的」な観点からこれに反対したのでしょうか。必ずしもそうではないと僕は思います。沖縄側が何より恐れていたのは、沖縄の地位が「植民地」同然に転落してしまうことでした。沖縄県という行政区分が消滅して「沖縄」としての主体がなくなってしまうことが、沖縄の人々にとって最も避けるべき事態だったのです。逆説的ですが、「日本帝国」と同化することが、「沖縄」の地位向上と、それにともなう主体性を発揮できる道だと当時の人は考えていたように思います。

つまり「南洋道」編入に反対して日本帝国との一体化を求めた戦前の沖縄と、「九州道」編入に反対して「琉球単独州」を主張する現在の沖縄は、カタチはちがえども〝主体性〟を発揮しようとする意図においては、ある程度共通しているのではないでしょうか。

UFO、那覇に現る!

地球外生命体や幽霊などの不可思議な怪奇現象は、未知なるものに好奇心を持つ多くの人々の興味をひいています。

沖縄でも那覇市内の上空に青白い光線が現れ、ＵＦＯでは⁉ との問い合わせが気象台などに多数よせられ、「那覇市内でＵＦＯ騒ぎ／正体は気象観測光線」とニュースになったことがあります（沖縄タイムス１９９７年11月24日）。実はこのような騒ぎと同様に、大正元年（１９１２年）８月には那覇に未確認発光体が出現して大騒動になった事件がありました。その模様は当時の「琉球新報」紙上で連日報道されています。

事件の場所は那覇の泉崎《いずみざき》（現在の県庁一帯）で、第一発見者は仲毛《なかのもう》（現在の那覇バスターミナルあたり）の比嘉《ひが》さん一家。７月30日の晩、夕涼みに２階から外を眺めていると、砂糖樽検査所の戸から丸い発光体が出現したというのです。

発光体は分かれたり合体したりして戸を出入りし、大きな発光体が小さな発光体を連れて出てきて、次の瞬間バラバラになり上空へ消えていったといいます。比嘉さんは驚き、近所の人に告げて次の晩も出現場所を観察していると、同時刻にまたもや発光体が出現。

当初は比嘉さんの話を疑っていた近所の人々ですが、さらに3日目の同時刻に発光体が出現するのを目撃するにおよび「これはホンモノだ!」と確信し、ウワサがウワサを呼んで大騒動になってしまいます。

比嘉さん宅のある仲毛海岸はヤジウマが殺到し、夜10時頃まで怪光を見ようとする人々で連日大混雑となります。しかし発光体はいつまで待っても一向に現れません。ついには警官も出動して騒ぎの沈静化をはかりますが、騒動は静まるどころかさらに広まり、今度は泉崎橋に発光体が出るらしいというデマも流れて人々は泉崎橋にも集まり、発光体が現れるのを今か今かと待ちかまえる始末。

出現場所付近の住民は奇怪な事件に身の吉凶を案じて各所の易者(おそらく三世相《さんじんそう》という沖縄の占い師)に相談する者が続出し、火の玉は亡霊のしわざとして祈禱《きとう》が行われます。

騒ぎは出現場所の地中から人骨が発見されるにいたって頂点に達します。この人骨は小児の骨で、付近で材木商を営む平良某が埋葬したものらしいと当時の記事にあります。

このオカルト騒ぎに影響を受けたのでしょうか、琉球新報は事件の翌日から「怪談奇聞《きぶん》」と題する心霊体験談を連載します。このコーナーは読者から怪奇体験を募集するものでした。新報は「実体験でも伝聞でもよいから本社の怪談奇聞係宛てに投稿をお願いします」と東スポばりの連載を開始してしまうのです。

さらにビックリするのは、この怪奇体験コーナーに寄せられたのが、何とあの伊波《いは》普猷《ふゆう》の話。「伊波文学士の実話」として祖父の心霊体験が述べられています。

王国時代、祖父の友人が航海の途中で暴風にあって溺死《できし》し、彼の幽霊が別の知人の母に憑依《ひょうい》して伊波の祖父の前に現れたという話です。

当時の沖縄での超常現象に対する熱狂ぶりが伝わってくる話です。

東郷平八郎と為朝伝説（1）

東郷平八郎《とうごうへいはちろう》というと日露戦争の際の連合艦隊司令長官で、ロシアのバルチック艦隊を破った人物として知られています。東郷平八郎と沖縄、源為朝《みなもとのためとも》の渡来伝説の意外な関係を紹介します。

沖縄本島北部の運天港を見下ろす丘には「源為朝公上陸之趾《じょうりくのあと》」と書かれた石碑があります。この石碑に書かれた文字、実は東郷平八郎によって書かれたものです。石碑の背面を見ると、大正11年（1922年）に建立されたことがわかります。石碑の材料には1874年に国頭《くにがみ》の宜名真《ぎなま》村沖で座礁したイギリス船のバラスト（船のバランスを取るため船底に

源為朝公上陸の碑

置かれた石）が使われたそうです。この石碑は、運天港に源為朝が上陸して、その子孫が琉球の王になったという伝承をもとにして作られたものです。源為朝の琉球渡来伝説は、日本人と琉球人は同じであるという「日琉同祖論」の根拠の一つとされています。

石碑の台座部分には「国頭郡教育部会発起」とあります。この国頭郡教育部会は沖縄県教育会という教育団体の支部会で、明治天皇の講話資料（1913年発行）や『国頭郡志』（1919年）と呼ばれる郷土史を編集しています。編集の中心的人物には島袋源一郎《しまぶくろげんいちろう》という人物がいました。彼は国頭郡教育部会幹事・同郡青年会幹事として社会教育活動を行っていました。この時期の社会教育活動というのは、沖縄の人々に「日本国民」として忠君愛国の精神を叩《たた》き込むことです。『国頭郡志』も学術的な目的で書かれたものではなく、忠良なる〝皇民〟をつくるため愛郷心の育成を目的とした「郷土教育」の産物

為朝公上陸の碑（台座部分）

でした。島袋自身も郷土教育の目的を「愛郷心を拡充して愛国心に到達せしむ」と述べています。

大正期に入るとこのような郷土史編集が各地で活発となりましたが、これと同時期に国頭郡における「郷土教育」を主導した団体によって為朝上陸の碑が作られた事実は注目されます。運天にある為朝上陸の碑は、大正期に活発となった愛国心を育てるための「郷土教育」と関連して国頭郡教育部会によって企画され、沖縄県民が皇国の臣民であることを示す「日琉同祖論」の記念碑として建てられたものなのです。さらに石碑の権威を高めるために、国家の英雄であった東郷平八郎に碑文の書を依頼したものと考えられます。

この碑は為朝がこの地に上陸したことを伝える大昔の遺跡ではなく、石碑そのものが近代という時代の残した歴史的な遺跡だというわけです。

東郷平八郎と為朝伝説（2）

「日琉同祖論」の根拠とされる源為朝の琉球渡来伝説について詳しく述べていきましょう。この為朝伝説は、琉球が日本であることを示すために主張されたものと一般的に考えられています。これに関連して、近世琉球の政治家である羽地朝秀《はねじちょうしゅう》（向象賢《しょうしょうけん》）も薩摩の支配を肯定するために「日琉同祖論」を唱えたとされます。しかし一般に広まっているこれらの説は誤解であることが最近の研究で明らかになっています。

まず、羽地朝秀は「日琉同祖論」を薩摩の支配を肯定するためには主張していません。羽地は数々の琉球の旧制度を改革していましたが、この一環で国王の久《く》

羽地朝秀の墓

高島《だかじま》参詣を廃止する根拠として、この「日琉同祖論」を主張しているのです。久高島は琉球の神々が農耕をもたらした「神の島」とされていました。この「琉球独自」の神を拝むための参詣を批判するために、「琉球の五穀も人も日本より渡ってきたものだから独自性などない。だから久高島を参詣する意味もない」と主張したわけです。羽地はむしろ「五穀」を主眼としていて、そこには薩摩支配の肯定も、日琉民族が同じだという意味も込められていません。だから羽地が薩摩支配を支持するために「日琉同祖論」を唱えたとするのは間違いです(「琉球の構造改革―羽地朝秀の闘い―」126頁も参照)。当時の島津氏の琉球支配の根拠となっていたのは室町幕府から琉球を賜ったとする「嘉吉附庸《かきつふよう》説」です。羽地も「琉球が日本に〝朝貢〟を開始したのは永享年中(室町時代)である」と述べています。

為朝の琉球渡来伝説はどうでしょうか。この伝説は薩摩の征服以前に、渡来したヤマト僧など一部ですでに唱えられたようですが、当時の日本や琉球では一般には受け入れられませんでした。この伝説は『保元物語』にある「為朝の鬼が島渡り説話」などがもとになったと考えられています。そもそも、この伝説はあくまでも「王室」の起源神話であって、琉球の住民全体を「日本民族」とする話とは全く関係がありません。

では為朝伝説や「日琉同祖論」は、琉球を併合するために明治政府が出してきた主張だったのでしょうか。実はそれも違います。明治政府は琉球領有の根拠にこれらの説を全く主張していないのです。根拠としたのは江戸時代に薩摩が琉球から税を徴収した事実でした。「日琉同祖論」は全く問題にされていないのです。この頃の日本側の学者は同祖論を否定すらしています。

このように「日琉同祖論」や同祖論の根拠としての為朝伝説は、薩摩支配下の琉球王国に起源があるわけでもなく、明治政府が琉球領有を正当化するための根拠でもありませんでした。つまり近代まで「日琉同祖論」は事実上、存在しなかったといってもいいでしょう。

東郷平八郎と為朝伝説（3）

近代以前には存在していなかった「日琉同祖論」は、どのように生まれてきたのでしょうか。羽地朝秀の「日琉同祖論」とその根拠としての為朝伝説を「発見」して主張したのは、実は戦前の沖縄側の研究者でした。

沖縄の歴史を研究する東恩納寛惇《ひがしおんなかんじゅん》は、日本本土の研究者と為朝伝説の信憑《しんぴょう》性を論争するなかで、〝王室の起源神話〟としての為朝伝説を〝沖縄人全体〟の問題として読みかえてしまいます。さらに羽地が久高島参詣を批判する根拠とした「日琉同祖論」も、琉球人が日本民族と同じであることを主張したものと解釈してしまいます。「沖縄学の父」と呼ばれる伊波普猷も羽地の同祖論を取り上げ、彼が述べた前後の文脈を無視して「日琉同祖論」を唱え、琉球人には日本人の資格があると証明したのです。

東恩納や伊波ら沖縄地元の研究者が唱えた「日琉同祖論」は、やがて本土でも一般に流布していきました。琉球の日本帝国への編入は、かつて別れた同胞が一つとなった「民族統一」として、評価されていきます。そして大正天皇の即位の際、その〝功績〟を認められた羽地朝秀は天皇から正五位を贈られました。さらに戦後、沖縄の日本復帰に際して、羽地朝秀は「本土の源流に復帰する」ことを目指した人物として位置づけられます。現在私たちが認識する「日琉同祖論」は、このように形成されたのです。

なぜ支配された側である沖縄から、支配を正当化するような主張が生まれてきたのでしょうか。琉球処分後、沖縄では王国の復活をめざす動きはありましたが、日清戦争で日本が勝利した状況では、日本のなかで生きていく以外の選択肢は沖縄の人々には残されていませんでした。沖縄側の研究者は琉球と日本との共通点を見出《みいだ》して「日本のなかの沖縄」の現実を生きていく歴史論を主張したといえるのではないでしょうか（ただし伊波普猷は沖縄が日本帝国の一部であることを容認しながらも、沖縄の独自性も重要視しています）。

伊波普猷

野蛮で遅れた地域とされた沖縄は、戦前、様々な差別的待遇を受けました。沖縄にとっての近代化とは、「＝日本化」でもありました。沖縄の人々は旧来の価値を否定し「日本人」となることで、差別的な待遇を解消しようとしたのです。例えば経済学者で後に日本共産党にも入党した河上肇《かわかみはじめ》が講演で、「沖縄には独自性があり、本土と違って忠君愛国の思想が薄い。歴史を見るとこのような場所から偉人が誕生する」と指摘したのに対し、県内マスコミは河上に非難の集中砲火を浴びせます。いわゆる〝河上肇舌禍事件〟です。河上肇は沖縄の持つ可能性を評価したつもりだったのですが、皇国日本への同化に力をそそいでいた沖縄社会のリーダーたちにとっては、県民の「忠君愛国」思想を否定する彼の発言は許しがたいものだったのです。

戦前の沖縄の人々は立派な「日本人」となることをめざして努力していました。先に見た運天港の「為朝上陸の碑」も、そのような状況で沖縄の側から積極的に造られたものでした。

このような沖縄の人々が行ってきた努力は、「沖縄戦」というかたちで帰結することになります。

もうひとつの沖縄戦

6月23日―。この日は沖縄戦が終結したとされる日です。昭和20年（１９４５年）4月1日、アメリカ軍が上陸してから数ヶ月間、沖縄に「鉄の暴風」が吹き荒れました。言うまでもなく、この戦いで多くの尊い命が失われたのですが、皆さんは「もうひとつの沖縄戦」があったことをご存じでしょうか。

その戦いとは、サイパン島の戦い。サイパン島は当時日本の委任統治領だった太平洋に点在する南洋群島のうち、マリアナ諸島に位置します。なぜ沖縄から遠く離れたこの島の戦いが「もうひとつの沖縄戦」なのでしょうか。

ミッドウェー、ガダルカナルと敗退を続ける日本軍は、昭和19年6月、日本の「絶対国防圏」であったマリアナ諸島攻略に向かうアメリカ軍を迎え撃ちます。世にいうマリアナ沖海戦です。日本海軍は残された空母や戦艦など艦艇55隻、艦載機４５０機の大艦隊を集結させ、真珠湾以来のZ旗を掲げて最後の決戦に挑みました。しかし、最新の兵器を持つアメリカ艦隊に完膚《かんぷ》なきまでに叩《たた》かれて機動部隊は壊滅、日本の敗戦は決定的となりました。救援を絶たれたサイパン島の日本軍はアメリカ軍の圧倒的な兵力の前に玉砕、民間人は軍と運命をともにし、多くの人々が自決します。人々が身を投げた断崖《だんがい》の「バンザイクリフ」はよく知られています。

実はサイパン島の民間人は、その多くが沖縄出身者でした。その数は島の人口約3万人のうち6割にもおよんでいました。つまり、サイパン島の地上戦で最も多くの犠牲者を出したのは沖縄出身者だったのです。この戦いでの民間人の戦死者は1万人にのぼります。

南洋群島に沖縄出身者が多いのは、戦前の沖縄の経済状況が深く関係しています。第一次大戦後の砂糖価格の暴落によって、沖縄は「ソテツ地獄」と呼ばれた深刻な経済不況が訪れます。生活が苦しくなった沖縄の人々は海外に活路を見出し、ハワイや南米に多くの人々が移住しました。彼らは移住先で金を稼ぎ、沖縄の親戚《しんせき》に送金するかたちで沖縄経済を支え続けました。

日本領となった南洋群島には、南洋興発会社が製糖業や鉱山開発に乗り出していました。会社は不況により働き口のなかった沖縄の人々を勧誘してこれらの仕事に従事させます。南洋群島と沖縄の気候はよく似ていて、さらにサトウキビ栽培をよく知る沖縄出身者は働きやすい場所だったのです。

こうして南洋に定着した沖縄出身者は、やがて家族を呼びよせて沖縄人コミュニティをつくりはじめます。一時期、南洋群島全体では在留邦人のうちの実に8割が沖縄県民だったといいます。戦前の南洋群島は〝第二の沖縄〟となったのです。

沖縄戦で亡くなった人たちの冥福《めいふく》を祈るとともに、「もうひとつの沖縄戦」で犠牲になったウチナーンチュのこともまた忘れてはいけないように思います。

消えた王家の財宝

1879年（明治12年）、琉球王国は明治政府により沖縄県として日本の一県に編入され、王家は東京に移住させられます。首里城は廃城となりますが、かつて王子の邸宅であった中城御殿《なかぐすくうどぅん》（元の県立博物館の場所）が、華族となった尚侯爵の邸宅として利用されました。

王家が持っていた宝物は一部東京へ運ばれましたが、多くはこの中城御殿に収蔵されています。宝物は王冠や衣裳、豪華な調度品、古文書や国王の肖像画（御後絵《おごえ》）などの絵画、その他ぼう大な数の種類があったといいます。実はこの王家の宝物、沖縄戦の直後にこつ然と姿を消してしまうのです。

尚侯爵邸に出入りしていた真栄《まえ》平房敬《ひらぼうけい》氏（「プロジェクトX」にも登場していました）によると、1945年（昭和20年）の沖縄戦が始まる前、王家の宝物を戦火から守るために対策をしていたといいます。国王の黄金かんざしなど選《え》りすぐった高価なものを3つの大金庫いっぱいに入れ、いくつかの王冠や衣裳などの貴重な品々も安全な場所に隠されました。中城御殿にはそれでも隠しきれない宝物があふれていて、それらはそのままに放置されていたといいます。

戦闘が終わり、真栄平氏が中城御殿を訪ねてみると米軍の猛攻で御殿は焼けていましたが、大金庫と宝物を収めていた離れの建物は奇跡的に残っていました。王家の財宝は戦争で全ては焼けていなかったのです。しかし中身を見てみるとカラッポ。誰かが持ち去った形跡が……実は、これらの宝物は米軍によって戦利品として略奪されたのです。それは中城御殿に隠されていた歌謡集の『おもろさうし』が1953年にアメリカから返還されたことからも明らかです。

現在、琉米歴史研究会という団体が、アメリカで略奪された宝物の返還活動を精力的に行っていて、その結果、「琉球国惣絵図《そうえず》」という絵図が返還されています。中城御殿にあった王冠の捜索も行っているようですが、いまだに発見できていません。おそらく王冠は今でもアメリカのどこかでひっそりと眠っているはずです。

戦争の傷跡というのは亡くなった人命はもちろんですが、このような沖縄の貴重な文化遺産にも及んでいるのです。いつの日か尚王家の財宝がアメリカから返還されるのを期待しましょう。

尚家国宝の裏話

２００６年3月、琉球国王家である尚家の遺産が国宝に指定されたというニュースが報道されました。沖縄での国宝指定は戦後初めてのことになります。指定された尚家の遺産は１２５１点にのぼる膨大な数の美術品や古文書です。国王の王冠や衣裳、王家が所蔵していた王国時代の記録類など、第一級の資料ばかりです。

この尚家の遺産は、戦前に中城御殿《なかぐすくうどうん》（尚侯爵邸）にあった宝物が一部東京へ移されて戦災をまぬがれたものです。本来はこの倍以上の遺産があったのですが、それらは戦争で焼失したり、米軍の略奪にあったりして現在伝えられていません。

琉球王国の滅亡後、尚王家は東京移住を強制され、千代田区九段北に邸宅をかまえることとなりました（現在は九段中等教育学校になっています）。尚家は華族（侯爵）となり、以来東京を拠点に生活し〝江戸っ子〟となったのです。

しかし尚家の人々は沖縄のことは決して忘れてはおらず、沖縄からヤマトに留学してきた学生に奨学金制度をもうけて支援したりしています。国宝となった尚家の遺産が東京に移され戦火を逃れたのは、こうした事情があったからです。

　尚家の遺産が那覇市に寄贈され、国宝に指定されるまでには紆余曲折《うよきょくせつ》がありました。重要文化財として指定される以前、尚家の宝は尚家の個人所有物でした。美術品・古文書だけではなく、世界遺産となった識名園《しきなえん》や玉陵、崇元寺《そうげんじ》などの不動産も尚家が所有していました。

　当時の尚家の当主は尚裕《しょうひろし》氏。東京帝国大学を卒業、海軍大尉として終戦を迎えました。尚氏と親交のあった人物によると、尚氏は「尚家の遺産はきちんと保存したい。それが先祖に対する私の義務と責任だ」と語り、保

識名園

存のための様々な努力を行っていたそうです。千点以上にのぼる国宝級の遺産を管理・保存するのは並大抵の苦労ではありません。多くの経費も自分のお金でまかなわなくてはなりません。

尚氏のとった決断は尚家遺産の東京都台東区への寄贈でした。なぜなら、沖縄県内の気候は湿気も多くて保存に最適ではなく、県内には遺産を保存・管理できる施設や人材が充分でなかったからです。

これに対して沖縄県民は尚氏に批判をあびせます。沖縄の宝をなぜヤマトに寄贈するのか。尚氏は琉球王家の誇りを忘れたのか、と。沖縄県民の批判は「ウチナー・ナショナリズム」から発せられたものでしたが、この批判は尚氏をいたく傷つけることになったようです。尚氏は貴重な遺産を後世に伝えるために孤独な闘いをしいられることになったのです。

結局、1996年に尚家の遺産は那覇市に寄贈されることになり、一件落着となりました。琉球王朝の宝はようやく沖縄に戻ることになったのです。

そして今回、戦後初の国宝指定。これまでの尚氏の努力は無駄ではありませんでした。尚氏は天国でさぞかし喜んでいることと思います。

奄美に古代日本の拠点発見？（1）

２００６年の10月10日、「沖縄タイムス」紙上で喜界島《きかいじま》での遺跡発見が大々的に報じられました。喜界島の城久《ぐすく》遺跡群でおよそ１０００年前の大規模な建物跡と、中国産の高級陶磁器やヤマト産の土師器《はじき》などが多数発見されたのです。この遺跡は日本国家が置いた「南島」経営の拠点で、大宰府の出先機関のようなものだった可能性が指摘されています。これが本当だとすると、平安時代頃の奄美はヤマト朝廷の傘下にあり、琉球諸島にもその影響を及ぼしていたことになります。この城久遺跡群の存在は、以前より専門家の間で注目されていました。今回はこれまでの研究をもとに、その歴史的意義について説明したいと思います。

城久遺跡群をはじめとした奄美諸島の遺跡調査で次第に明らかになっていることは、沖縄島を中心とした「琉球王国」が成立する以前、かつて奄美地域が琉球諸島の文化・交易の中心地だったのではないかということです。

奄美諸島では古代のヤマト産の外来物が多く出土している場所があります。それは奄美《あまみ》大島《おおしま》の北部と喜界島です。ヤマト産のモノはとくにこの場所に集中して見つかっています。さらに奄美大島の北部では、交易品として大量のヤコウガイ（盃《さかずき》や漆器細工の原料となる）を集めて加工していた6、7世紀頃の遺跡（小湊《こみなと》フワガネク遺跡群）も発見されています。これとほぼ同時期、『日本書紀』をはじめとした古代日本の記録に南島人たちが朝貢した記事が知られています。また九州の大宰府からも〝権美《あまみ》島〟からの物品を納めたとみられる木簡が見つかっています。

これらの事実から浮かび上がるのは、6、7世紀頃（日本史でいうと飛鳥時代頃）、奄美大島北部と喜界島を中心に組織化された独自の政治勢力が登場し、彼らがヤマトの古代国家と「朝貢」関係を結んで交易活動を行っていたという姿です。この背景には南島の特産品（ヤコウガイ・赤木など）がヤマトの中央で珍重され、これらを調達するためヤマトから南島への働きかけがあったとみられます。ヤマトからの南島産物の需要が高まり、この北からの動きに刺激されるかたちで奄美諸島の「文明化」が進んだのです。

ただ注意しなくてはいけないのは、当時のヤマトにとっての「南島」とは、琉球諸島の全体を指していなかったとみられることです。ひんぱんに「朝貢」してきた南島人は主に種子島・屋久島の人々で、次に奄美地域とトカラ列島が多く、沖縄・先島地域とされる球美《くみ》（久米島？）・信覚《しがき》（石垣？）は何とたったの1度だけ。つまり、ヤマト朝廷にとっての「南島」とは南九州の大隅《おおすみ》諸島から奄美諸島までを指し、沖縄・先島地域はその範囲外にあったのです。

沖縄地域へのヤマトの影響は奄美をワンクッションおくかたちで及んでいたようです。奄美諸島で作られた土器の形式は北のヤマトの影響が強く見られるのに対し、沖縄諸島では以前からヤマトの影響を受けずに独自の土器文化を保ち続けていました。それが奄美での「文明化」が進んではじめて奄美の土器の形式を取り入れた土器が登場します。ヤマトの影響を強く受けた奄美が発信地となって、周辺地域の沖縄にもその文化が伝わったということです。この頃の奄美は琉球諸島のなかでも文化の最先端地域だったのです。

奄美に古代日本の拠点発見？（2）

奄美大島北部・喜界島の政治勢力とヤマトとの関係は、その後9、10世紀頃（平安時代頃）までは続いたようです。ヤマトでは南九州の島々を「キカイガシマ」あるいは「イオウガシマ」と呼ぶようになります。この名称は島そのものを指すだけでなく、「南島」全体の名称としても使われていました。当時の地理認識は今のように正確なものではなく、とくに現地に住んでいない人々（たとえば京都にいる貴族など）にとってはボンヤリとしたあいまいなものでした。

９９８年、奄美島人が九州を襲う事件が起こり、大宰府は「貴駕島（キカイガシマ）」に対して犯人を逮捕せよとの命令を発しています。このことから、この時期に大宰府が指揮する何らかの機関が「キカイガシマ」に設置されていたことがうかがえます。まだ特定されたわけではありませんが、今回報道された城久遺跡群の大規模建物の跡がこのヤマトの行政機関だった可能性はにわかに高まってきました。おそらくこの機関は交易品の調達を主な業務としていたとみられますが、記録が少ないこともあり、ヤマトの行政機関「キカイガシマ」と現地勢力が具体的にどのような政治的関係を築いていたのかは、よくわかっていません。

この頃には日本と宋（中国）との貿易の影響で、南島産物を調達するヤマトの民間商人の活動が活発となり、また徳之島で「カムィヤキ」と呼ばれる硬質の土器が大量生産され、先島までの琉球諸島全域に流通しはじめます。カムィヤキは中世日本や朝鮮半島の技術で作られた土器です。背後には北からの組織的な集団があって、彼らが琉球諸島の特産品を入手する代価とするために計画的にこれらの土器を生産したのではないか、と指摘されています。カムィヤキとともに長崎産の高級な石製ナベも流通するようになり、11世紀以降、奄美地域を中心とした交易のネットワークは琉球諸島全体に広がり、そのインパクトはその後の琉球社会を激変（農耕の開始や「按司《あじ》」の登場など）させるきっかけになるのです。

中世の日本では、自らの領域を「東は外《そと》が浜《はま》（現在の青森県）、西は鬼界島《きかいがしま》」までと考えていました。ただし現代の国境のように明確な「線」で把握されていたわけではありません。当時の国境は「線」ではなく、ある地点がどちら側の国家にも属している（あるいはしない）というような、漠然《ばくぜん》としたグレーゾーンの「面」としての性

カムィヤキ

格を持っていました。日本国の西の境界としての「鬼界島」は、主に薩南諸島、さらに奄美諸島までの幅を持ったゾーンとしてとらえられていました。境界の外側（沖縄・先島地域）は、当時の日本人には鬼の住む「異界」と考えられていました。

鎌倉時代になると、日本国の東西の境界をおさえるために、幕府のリーダー的存在であった北条得宗家《とくそうけ》が「外が浜」や「鬼界島」を直接の影響下に置こうとします。なぜこの地を重要視したかというと、日本国の端と端をおさえていることが、日本全体を統治するうえで象徴的な意味を持っていたからです。

14世紀のはじめ（鎌倉時代後期。琉球では英祖王の時代）、北条得宗家の代官で薩摩半島の南部を拠点としていた千竈《ちかま》氏が、南九州のトカラ列島や奄美大島・喜界島・徳之島までの島々を所領としていたことがわかっています。その支配の実態は不明ですが、千竈氏は各島を政治的に統治したのではなく、現地勢力との交易権を確保した程度のものだったのではないかと考えられています。いずれにせよ、ここにいたって日本国の影響の及ぶ領域は最大となるのです。

奄美に古代日本の拠点発見？（3）

しかし、琉球諸島におけるヤマト勢力の拡大はここまででした。15世紀（室町時代頃）になると沖縄島で「琉球王国」が成立し、北に勢力を伸ばしてきたのです。琉球王国は明朝をはじめとしたアジア諸国との国際関係を築いて強大化していました。琉球はそれまでヤマトの勢力下にあった奄美地域へ軍事侵攻して、彼らの領域を次第に九州のほうへ押し戻していきます。

琉球の征服戦争で奄美の島々は次々と王国の支配下に入り、１４５０年には薩摩半島の南にある臥蛇島《がじゃじま》まで領域を拡大します。この島は琉球・薩摩の両方に属していました。明確な国境線を持たないグレーゾーンとしての「境界」の性格をよく表しています。このように琉球王国の領域はヤマトの種子島・屋久島をうかがうほどの場所まで到達したのです。

ところが奄美地域のなかでも、最後まで琉球王国の支配を拒み続けた島がありました。それが喜界島です。琉球は王弟（おそらく布里《ふり》）が軍隊を率いて喜界島を攻撃しますが成功せず、以降も喜界島は十数年にわたって琉球王国の侵攻を阻止し続けるのです。琉球はついに国王の尚徳が自ら大軍を出動させ、1466年にようやく喜界島を征服します。こうして奄美諸島の全域は「琉球」となります。対するヤマト勢力は奄美の奪還をめざしてしばしば攻撃してきたようです。1493年の日本商人による朝鮮王朝への報告では、日本の武装兵が奄美を奪うために侵入し、琉球側は多くの戦死者を出したものの大勝利を収めたとあります。

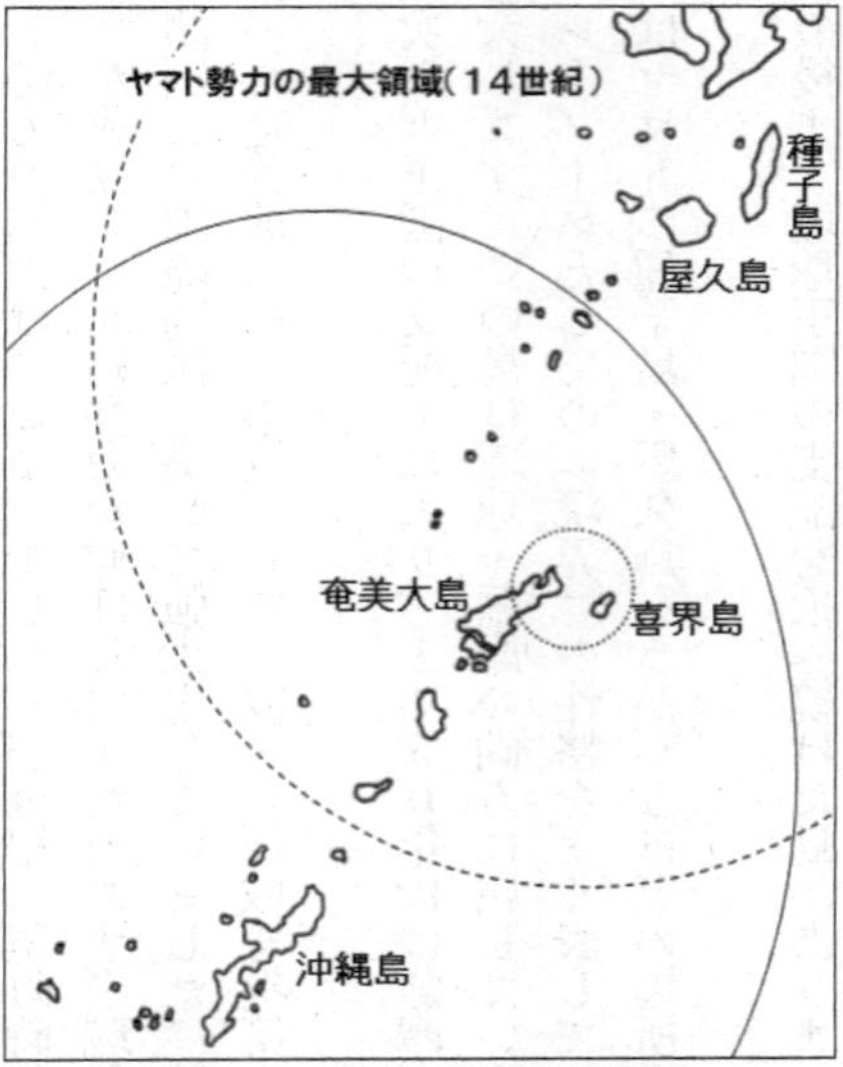

琉球王国の最大領域（15世紀）

　それにしても、琉球はなぜ喜界島を侵攻することにこだわっていたのか？　また、なぜ喜界島があれだけ頑強に抵抗できたのか？……この答えを探るヒントが、今回紹介した城久遺跡群の存在とヤマト勢力の支配拠点「キカイガシマ」にあるのではないでしょうか。

古代以来、奄美地域の政治的な中心地が喜界島にあった。その最重要拠点を落としてはじめて奄美地域を完全な支配下におくことができると琉球は考えていたように思います。そして喜界島は奄美のなかでもっともヤマトとの強い関係を持ち、彼らの支援を得ていたからこそ、たび重なる琉球の侵攻を退けることができたのではないでしょうか。

喜界島をふくむ奄美諸島は現在、鹿児島県に属していますが、薩摩藩に征服されるまでは「琉球王国」の一部でもありました。一般に〝琉球の歴史〟と言った場合、それはあくまでも沖縄島が中心であり、奄美や先島地域はあくまでも「辺境」としての位置づけしか与えられていないように思います。しかし、それは一面的な見方です。

これまで沖縄は〝ヤマト中心史観〟に対して異議を申し立て、自らの「琉球」の歴史を復権させる試みを続けてきました。しかし、当の批判者である沖縄自身が実は〝沖縄島中心史観〟におちいっていた面があったのではないでしょうか。奄美諸島の歴史はこのような考えを見直す、ひとつのキッカケを与えてくれるように思います。

沖縄の歴史

「古琉球《こりゅうきゅう》」は、南西諸島で「琉球王国」という独立国家が生まれ、1609年に薩摩の島津氏に征服されるまでの時代のことです。またアジアとの交易で繁栄した最も輝いた時代であるとともに、今の沖縄の基礎になる様々な文化や社会の仕組みが生まれた時代でもあります。

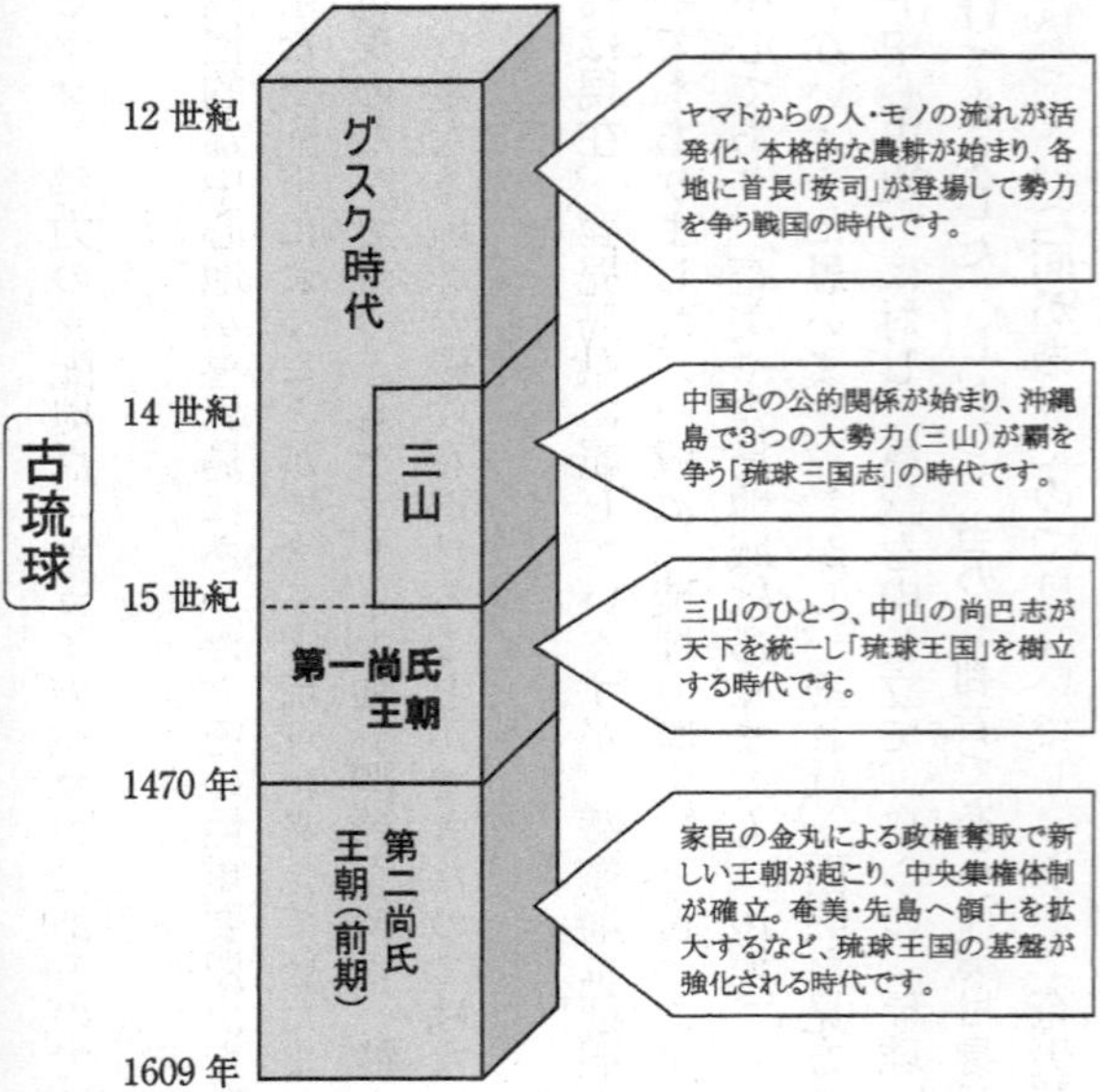

古琉球
12世紀
グスク時代
ヤマトからの人・モノの流れが活発化、本格的な農耕が始まり、各地に首長「按司」が登場して勢力を争う戦国の時代です。
14世紀
三山
中国との公的関係が始まり、沖縄島で3つの大勢力（三山）が覇を争う「琉球三国志」の時代です。
15世紀
第一尚氏王朝
三山のひとつ、中山の尚巴志が天下を統一し「琉球王国」を樹立する時代です。
1470年
第二尚氏王朝（前期）
家臣の金丸による政権奪取で新しい王朝が起こり、中央集権体制が確立。奄美・先島へ領土を拡大するなど、琉球王国の基盤が強化される時代です。
1609年

すぐわかる

「近世琉球」は、日本と中国の体制に組み込まれながら、自らを大変革し小国として独自の文化を花開かせた時代です。今に残る琉球の「伝統」文化はそのほとんどがこの時代につくられたものです。1879年に明治政府によって沖縄県が設置され、琉球王国は滅亡します。その後、1945年の沖縄戦を経て米軍統治下に入り、1972年に再び日本へ「復帰」して沖縄県となり、現在にいたります。

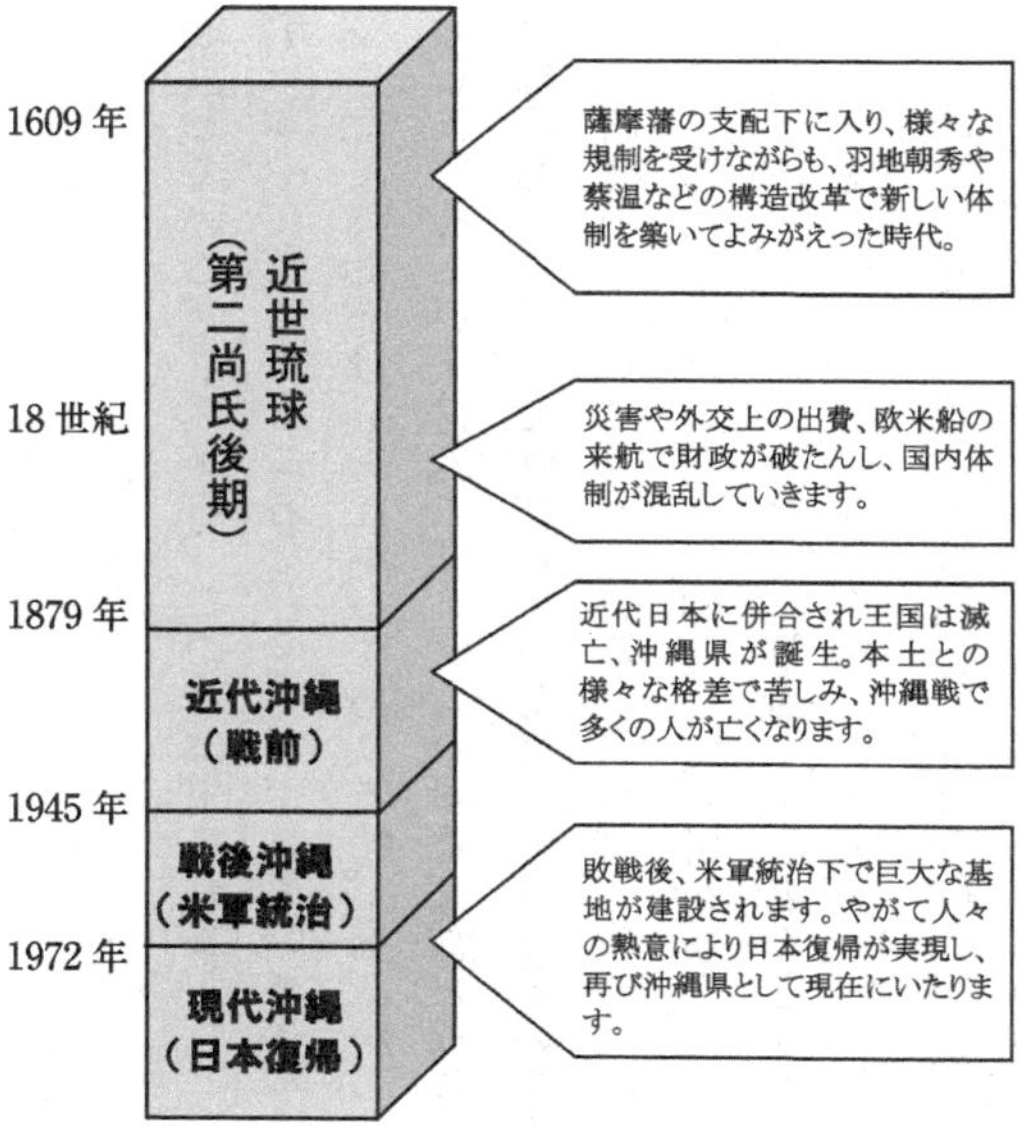

1609年
近世琉球（第二尚氏後期）
薩摩藩の支配下に入り、様々な規制を受けながらも、羽地朝秀や蔡温などの構造改革で新しい体制を築いてよみがえった時代。
18世紀
災害や外交上の出費、欧米船の来航で財政が破たんし、国内体制が混乱していきます。
1879年
近代沖縄（戦前）
近代日本に併合され王国は滅亡、沖縄県が誕生。本土との様々な格差で苦しみ、沖縄戦で多くの人が亡くなります。
1945年
戦後沖縄（米軍統治）
敗戦後、米軍統治下で巨大な基地が建設されます。やがて人々の熱意により日本復帰が実現し、再び沖縄県として現在にいたります。
1972年
現代沖縄（日本復帰）

あとがき

インターネット上で僕が運営しているブログから、この本は生まれました。

ブログを開設した当初は単行本や文庫にすることなど全く想定していませんでしたので、十分検証せずに思いつきで書いた部分も少なからずあります。もしかしたら間違っているところもあるかもしれませんが、巻末にはコラムの参考文献を載せておきましたので、気になった場合はそちらのほうで確認していただければと思います。

ブログを始めた理由は、歴史研究界で常識になっている事実が、一般にはほとんど知られていなかったことがありました。実はこの本で紹介した「目からウロコが落ちる」話は、研究界では今さら言うほどのことでもない〝常識〟がほとんどなのです。このおもしろい話をもっと広く一般の人に伝える必要があるのではないか。そう感じたことがきっかけでした。沖縄の歴史を知りたければ自分で論文や研究書を探してきて読む、という作業ももちろん大事ですが、おもしろい話を集めてきてわかりやすく紹介するということもまた大事なのではないかと思い、たくさんの人が見ることのできるインターネットのブログでその試みを始めたわけです。

　この本はたとえて言えば商品のカタログ、もしくは試供品のようなものだと僕自身は考えています。ここでは様々な商品（これまでの研究成果）をエッセンスのみ紹介して、興味があれば参考文献にあたっていただく、という具合です。もちろん試供品（コラムの記事）だけを楽しむことも可能です。

　歴史は役に立たない学問だ、マニアの趣味だとよく言われます。でも僕はそうではないと思います。歴史を学ぶ最大の醍醐《だいご》味《み》は、「目からウロコが落ちる」ことなのではないでしょうか。過去の様々な事実を知ることで、絶対的だと見える現在の常識、既成概念などは見事に打ち砕かれ、私たちのこり固まった思考を柔軟にしてくれます。

　また歴史を学ぶことは、「過去」そのものにこだわることではなくて、自分の人生よりも長いスパンで物事を考えられる視点を養うことでもあると思います。その視点を持つことが、ひいては現在を生き、未来を構想するための手助けになるのではないでしょうか。

　まあ、こういう小むずかしい話はおいておくとしても、単に読者のみなさんが楽しんでいただけたら、この本を出した目的は十分達することができたかな、と思います。若造が書いた拙《つたな》い本ではありますが、琉球・沖縄の豊かな歴史が多くの人に伝わるきっかけになることを願っています。

二〇一一年五月

著　者

この本は、2007年にボーダーインクから刊行された『最新歴史コラム　目からウロコの琉球・沖縄史』を文庫本化したものです。文庫本化にあたって加筆しました。

■著者ブログ「目からウロコの琉球・沖縄史」
http://okinawa-rekishi.cocolog-nifty.com/tora/

■参考文献

赤嶺守『琉球王国―東アジアのコーナーストーン』(講談社選書、2004)
安里進『考古学からみた琉球史(下)』(ひるぎ社、1991)
安里進「首里城正殿基壇の変遷」(『首里城研究』2号、1996)
安里進・土肥直美『沖縄人はどこから来たか』(ボーダーインク、1999)
安良城盛昭『新・沖縄史論』(沖縄タイムス社、1980)
入間田宣夫・豊見山和行『日本の中世5　北の平泉、南の琉球』(中央公論新社、2002)
池田榮史「琉球王国成立以前―奄美諸島の位置付けをめぐって」(『前近代の東アジア海域における唐物と南蛮物の交易とその意義』科研報告書、2006)
池宮正治「尚寧王の世子たち」(『首里城研究』3号、1997)
池宮正治「伝・尚泰王の御献立」(『首里城研究』6号、2001)
池谷望子・内田晶子・高瀬恭子編『朝鮮王朝実録・琉球史料集成』(榕樹書林、2005)
石上英一「琉球の奄美諸島統治の諸段階」(『歴史評論』603号、2000)
稲畑耕一郎監修『中国文明史図説9　明―在野の文明』(創元社、2006)
伊従勉「首里城正殿唐破風の起源とその改修について」(『首里城研究』3号、1997)
上里隆史「琉球の火器について」(『沖縄文化』91号、2000)
上里隆史「古琉球の軍隊とその歴史的展開」(『琉球アジア社会文化研究』5号、2002)
上里隆史「琉球那覇の港町と「倭人」居留地」(『考古学と中世史研究3　中世の対外交流』高志書院、2006)

浦添市教育委員会文化課編『浦添城跡第一次発掘調査概要』（浦添市教育委員会文化課、1983）
浦添市教育委員会「浦添ようどれ石厨子と遺骨の分析結果について」
沖縄県編『沖縄県史　22巻』（琉球政府、1972）
沖縄県教育委員会文化課編『金石文』（緑林堂出版、1985）
沖縄県立埋蔵文化財センター編『首里城跡―管理用道路地区発掘調査報告書―』（沖縄県立埋蔵文化財センター、2001）
沖縄県立埋蔵文化財センター編『首里城跡・右掖門及び周辺地区発掘調査報告書』（沖縄県立埋蔵文化財センター、2003）
沖縄の土木遺産編集委員会編『沖縄の土木遺産』（社団法人沖縄弘済会、2005）
夏子陽著、原田禹雄訳注『使琉球録』（榕樹書林、2001）
紙屋敦之『幕藩制国家の琉球支配』（校倉書房、1990）
紙屋敦之『大君外交と東アジア』（吉川弘文館、1997）
国吉真永『沖縄・ヤマト人物往来録』（同時代社、1994）
佐藤亮『蔡温の言葉』（ボーダーインク、2011）
島袋全発『那覇変遷記』（沖縄タイムス社、1978）
首里城研究グループ編『首里城入門―その建築と歴史』（ひるぎ社、1989）
首里城公園友の会編『首里城の復元』（財団法人海洋博記念公園管理財団、2003）
高良倉吉「沖縄研究と天皇制イデオロギー」（同著『沖縄歴史論序説』三一書房、1980）
高良倉吉『おきなわ歴史物語』（ひるぎ社、1984）

高良倉吉『琉球王国の構造』（吉川弘文館、１９８７）
高良倉吉『新版琉球の時代』（ひるぎ社、１９８９）
高良倉吉『琉球王国史の課題』（ひるぎ社、１９８９）
高良倉吉「向象賢の論理」（『新琉球史近世編（上）』琉球新報者、１９８９）
高良倉吉『琉球王国』（岩波新書、１９９３）
高良倉吉『「沖縄」批判序説』（ひるぎ社、１９９７）
高良倉吉「琉球王国の展開」（『岩波講座世界歴史13』岩波書店、１９９８）
田名真之『沖縄近世史の諸相』（ひるぎ社、１９９２）
田名真之『近世沖縄の素顔』（ひるぎ社、１９９８）
田中健夫「豊臣秀頼琉球潜入説」（田中健夫『東アジア通交圏と国際認識』吉川弘文館、１９９７）
知名定寛『琉球仏教史の研究』（榕樹書林、２００８）
照屋善彦「『リリアン＝チン書簡』再考」（『琉大史学』12号、１９８１）
當眞嗣一「火矢について」（『南島考古』13号、１９９４）
豊見山和行「御後絵からみた琉球王権」（高良倉吉・豊見山和行・真栄平房昭編『新しい琉球史像』榕樹社、１９９６）
豊見山和行「近世琉球民衆の「抵抗」の諸相」（『民衆運動史1　一揆と周縁』青木書店、２０００）
豊見山和行「航海守護神と海域」（尾本惠市ほか編『海のアジア5　越境するネットワーク』岩波書店、２００１）

豊見山和行編『日本の時代史18　琉球・沖縄史の世界』（吉川弘文館、2003）
豊見山和行『琉球王国の外交と王権』（吉川弘文館、2004）
中島楽章「ポルトガル人の日本初来航と東アジア海域交易」（『史淵』142、2005）
今帰仁村史編纂委員会編『今帰仁村史』（今帰仁村、1975）
今帰仁村教育委員会編『今帰仁城跡発掘調査報告Ⅱ』（今帰仁村教育委員会、1991）
那覇市企画部市史編集室編『那覇市史　通史篇1』（那覇市、1985）
那覇市市民文化部歴史資料室編『尚家関係資料総合調査報告書Ⅱ美術工芸編』（那覇市、2003）
原田禹雄『琉球と中国』（吉川弘文館、2003）
比嘉春潮・崎浜秀明編『沖縄の犯科帳』（平凡社、1965）
比嘉実『古琉球の思想』（沖縄タイムス社、1991）
真栄平房昭「近世琉球における航海と信仰」（『沖縄文化』77号、1993）
真栄平房昭「煙草をめぐる琉球社会史」（高良倉吉・豊見山和行・真栄平房昭編『新しい琉球史像』榕樹社、1996）
真栄平房昭「17世紀の東アジアにおける海賊問題と琉球」（『経済史研究』4号、2000）
真栄平房昭「琉球貿易の構造と流通ネットワーク」（豊見山和行編『日本の時代史18　琉球・沖縄史の世界』吉川弘文館、2003）
真栄平房敬『首里城物語』（ひるぎ社、1989）
松原孝俊「琉球の朝鮮語通詞と朝鮮の琉球語通詞」（『歴代宝案研究』8号、1997）
『松山御殿物語』刊行会編『松山御殿物語』（ボーダーインク、2002）

村井章介『東アジア往還』（朝日新聞社、１９９５）
村井章介「中世国家の境界と琉球・蝦夷」（村井章介・佐藤信・吉田伸之編『境界の日本史』山川出版社、１９９７）
山下重一「三浦按針（ウィリアム・アダムス）の琉球航海記」（『南島史学』４７号、１９９６）
與那覇潤「「日琉同祖論」と「民族統一論」」（『日本思想史学』３６、２００４）
渡辺美季「近世琉球における外国人漂着民収容センターとしての泊村」（『第四回沖縄研究国際シンポジウム・ヨーロッパ大会』２００３）
和田光弘『タバコが語る世界史』（山川出版社、２００４）
ラブ・オーシュリ、上原正稔編『青い目が見た「大琉球」』（ニライ社、２０００）
琉球新報社編『新琉球史・古琉球編』（琉球新報社、１９９１）

島人《しまんちゅ》もびっくり
オモシロ琉球《りゅうきゅう》・沖縄史《おきなわし》

上里隆史《うえざとたかし》

平成23年 6月25日　初版発行
令和6年 11月15日　20版発行

発行者●山下直久

発行●株式会社KADOKAWA
〒102-8177　東京都千代田区富士見2-13-3
電話　0570-002-301（ナビダイヤル）

角川文庫 16902

印刷所●株式会社KADOKAWA
製本所●株式会社KADOKAWA

表紙画●和田三造

ISBN978-4-04-405709-1　C0121